COCINAR CHINO EN WOK

COCINAR CHINO
EN WOK

ELIZABETH WOLF-COHEN

Fotografías de
KEN FIELD

Colección COCINA CREATIVA

Traducción: Mireia Pérez Zamora
Director de edición: Rita Schnitzer

Título original: *Wok and Stir-Fry Dishes*

Publicado por Salamander Books Ltd.
129-137 York Way, London N7 9LG

© 1994 Salamander Books, Ltd.
© 1997 edición española, Ediciones Elfos, S.L.
    Alberes, 34 - 08017 Barcelona
    Tel. 93 406 94 79
    Fax 93 406 90 06

2ª edición 2001
1ª edición en rústica 2001

ISBN 84-8423-086-4
Depósito legal B-13183-2001
Impreso en España

CONTENIDO

Colección COCINA CREATIVA

ENSALADAS
SALSAS
SALSAS LIGHT
SALSAS, ADEREZOS Y ADOBOS
GUARNICIONES
ENTREMESES
CRÊPES Y TORTILLAS
PIZZAS Y PANES ITALIANOS
TODO SOBRE BARBACOAS
POSTRES
POSTRES LIGHT
HELADOS Y SORBETES
CHOCOLATE Y PETITS-FOURS
COCINA PARA NIÑOS
CÓCTELES
FONDUES
COCINA VEGETARIANA
COCINA CHINA
COCINAR CHINO EN WOK
COCINA ITALIANA
COCINA MEDITERRÁNEA
COCINA MEXICANA
COCINA JAPONESA
COCINA VIETNAMITA

INTRODUCCIÓN

El wok es uno de los utensilios de cocina más versátiles: su uso es rápido, resulta fácil de limpiar e ideal para preparar cualquier alimento, ya se trate de carne, pescado, verdura, pasta o fruta.

Aunque en China se haya empleado durante miles de años, el wok sigue constituyendo un utensilio perfecto para la cocina moderna, con su énfasis en la comida sana. En el wok, la comida se cuece rápida y ligeramente, a una temperatura muy elevada. De este modo, los alimentos conservan todo su sabor y no pierden la textura, el color ni sus nutrientes esenciales.

El presente libro contiene mas de 100 deliciosas recetas para cocinar en el wok que incluyen pescado, aves de corral, carne, verdura, fruta, pasta, arroz y tallarines chinos. Cada receta está ilustrada con fotografías a todo color y acompañada de instrucciones «paso a paso» que hacen de este libro una ayuda perfecta para los que deseen disfrutar de una buena cocina, a la vez fácil, rápida y sana.

COCINAR EN WOK

El wok probablemente fue inventado por los antiguos chinos como respuesta al problema de la gran escasez de combustible. Hoy en día continúa siendo el utensilio de cocina más empleado en todo el Sureste de Asia aunque, debido a la popularidad de las cocinas china, tailandesa, vietnamita y malaya, se ha vuelto también indispensable en las cocinas de Occidente. La base circular del wok y sus paredes altas e inclinadas, distribuyen el calor más uniformemente que otros utensilios de cocina. Los alimentos preparados a fuego fuerte se cuecen con ligereza y conservan el color, el sabor y todos sus nutrientes y vitaminas. Este método de cocina resulta muy económico. Aunque la carne debe ser tierna y magra, una pequeña cantidad es suficiente, puesto que suele prepararse junto con gran cantidad de verduras. Se utiliza muy poco aceite, y la comida suele resultar baja en grasa, colesterol y calorías.

Este sofrito es fácil y rápido, pero la preparación de los ingredientes es importante. Para que todos los ingredientes se cuezan rápida y uniformemente, se cortan en pedazos pequeños.

CÓMO SELECCIONAR EL WOK ADECUADO

El tradicional y económico wok chino, probablemente sigue siendo la mejor opción. El acero negro, buen conductor del calor, es preferible al acero inoxidable, el cual apenas lo conduce, se chamusca y no resiste temperaturas muy elevadas. Los woks antiadherentes son útiles y permiten emplear menos aceite o grasa que los woks tradicionales. Sin embargo, no pueden cebarse como los de acero negro y no deben sobrecalentarse. El wok eléctrico es poco hondo y con él no pueden prepararse auténticos sofritos ya que no se calienta suficientemente.

El wok cantonés tiene un asa pequeña a cada lado y se utiliza especialmente para cocer al vapor y freír en aceite abundante. El wok *Pau*, de base más redondeada, tiene un asa larga que suele ser de madera, la cual, al no calentarse, permite sujetarla con una mano mientras con la otra se remueven los ingredientes.

Cebar el wok: El «auténtico» wok chino de acero negro, debe cebarse, ponerse en condiciones antes de utilizarlo y hay que frotar para que se desprenda la capa de aceite protectora aplicada durante el proceso de fabricación. Para desprender este aceite, en ocasiones espeso y pegajoso, frote el wok enérgicamente con un producto limpiador de cocina y agua caliente. Ésta es la única ocasión en que deberá frotar el wok, a no ser que se oxide durante su uso. Seque el wok y colóquelo sobre fuego lento durante unos minutos, hasta que esté completamente seco. Para cebarlo, añada dos cucharadas de aceite vegetal y, con una hoja doble de papel de cocina absorbente, unte el interior de las paredes del wok. De nuevo, caliente el wok durante unos minutos y vuelva a secarlo. El papel quedará de color negro tras impregnar el residuo del aceite de máquina. Repita la misma operación hasta que el papel ya no se ensucie al secar el wok. De este modo, el wok ya está listo para su empleo.

Limpieza del wok: La comida no suele pegarse a un wok que ha sido previamente cebado, por lo que un lavado normal, sin detergente y con agua caliente, debería ser suficiente. Si la comida ha quedado pegada, utilice un cepillo de bambú para woks o un estropajo de plástico. Seque bien el wok y colóquelo sobre fuego lento, para evitar que se oxide durante su almacenamiento. Como precaución, unte el interior del wok ya seco con una cucharadita de aceite. Si el wok se oxida, repita la operación de cebado.

TÉCNICAS PARA CORTAR LOS INGREDIENTES

El estilo chino de cortar los alimentos es todo un arte. El tamaño e incluso la forma de los ingredientes determina el período de su cocción. Ademas, el tiempo en que los alimentos toman los diferentes sabores y condimentos, es muy breve. Procure cortar la verdura en rodajas finas, realizando tantos cortes como le sea posible. Para que la carne, el pescado y las aves resulten tiernos, córtelos al través.

Cortar en rodajas: Coloque los alimentos sobre una plancha para cortar, sujételos con una mano y córtelos en rodajas finas. Para guiar el corte de un cuchillo bien afilado, extienda el dedo índice sobre el extremo superior de la misma y apoye el pulgar sobre el lado próximo. Sujete el producto con la otra mano, escondiendo los dedos, para mayor seguridad. Para obtener tiras delgadas, corte los extremos de la verdura ya preparada, de modo que queden rectos. Luego, corte la verdura al través, formando tiras de unos 5 cm de largo. Apile varias tiras y córtelas a lo largo, en tiras finas.

Cortar en juliana: Los alimentos como la col o las espinacas pueden picarse fácilmente apilando varias hojas y cortándolas a lo largo, en tiras muy finas. La carne y las pechugas o chuletas de ave, se cortan mejor si antes se guardan en el congelador durante unos 20 minutos.

Rodajas horizontales: Para cortar alimentos gruesos en dos o más piezas delgadas, antes de cortarlos en rodajas o picarlos, sujete el chuchillo paralelamente

a la plancha de cortar. Coloque la mano sobre la superficie del alimento y empuje hacia abajo, mientras lo corta horizontalmente.

Rodajas diagonales: La mayor parte de las verduras de forma alargada (chalotes, espárragos, calabacines, etc.) resultan más atractivas y cuentan con una mayor superficie expuesta a la cocción, si se cortan en rodajas diagonales. Coloque el cuchillo de forma inclinada y proceda a cortar la verdura.

Corte rodante: Este tipo de corte es similar al corte en diagonal, aunque más apropiado para verduras alargadas de mayor tamaño o dureza, como el apio o las zanahorias grandes. Corte uno de los extremos en diagonal, gire la verdura unos 180° y efectúe otro corte en diagonal. Continúe del mismo modo, hasta que toda la verdura esté cortada en triángulos de 2,5 cm de largo.

Cortar a daditos: Corte el alimento a rodajas y, a su vez, corte cada rodaja en varias tiras. Apile estas tiras y córtelas a través, formando cubitos de un mismo tamaño.

Picar: Corte el alimento en tiras largas. Sujételas con una mano (doblando los dedos para su protección) y córtelas a través, con un cuchillo o cuchilla afilada. Apoye la punta de la hoja sobre la plancha de cortar, mueva el cuchillo balanceándolo y utilice sus nudillos como guía.

SOFREÍR

Un factor muy importante del sofrito es el precalentamiento del wok. Este precalentamiento evita que la comida se pegue y absorba demasiado aceite. Disponga el wok a fuego medio y espere unos minutos, hasta que esté muy caliente. Añada el aceite y remuévalo para untar las paredes y base del wok.

Para preparar aquellas recetas en que los condimentos (ajo, jengibre, cebollitas, etc.) se añaden antes que el aceite, el wok no debe estar demasiado caliente, pues podrían quemarse o volverse agrios. Si el ingrediente es carne o una verdura consistente, espere a que el aceite esté bien caliente, a punto de humear. Seguidamente, añada el resto de los ingredientes y sofríalos a fuego fuerte, removiéndolos con una cuchara o espátula de metal. Antes de remover la carne, déjela cocer durante un minuto por un lado y luego, deje que cueza hasta que esté dorada. Debe darle la vuelta y no olvidar los lados. Si añade una salsa que deba espesarse, aparte el wok del fuego durante unos instantes y empuje los ingredientes hacia un lado para que la salsa se deposite en el centro del wok; seguidamente, remueva todos los ingredientes con rapidez y mézclelos junto con la salsa ya espesa.

— LOS INGREDIENTES DEL SOFRITO —

Aceite de sésamo: Este aceite, elaborado con semillas de sésamo, tiene un color dorado y sabor a nueces. Humea con rapidez y se quema fácilmente. Como aderezo, una cucharadita añadida a un plato de sofrito, justo antes de servir, aporta un sabor delicioso.

Anís de estrella: Esta vaina con forma de estrella de ocho extremos, tiene un sabor suave parecido al de la regaliz y se utiliza en la preparación de escabeches.

Berenjena oriental: Estas berenjenas delgadas y de forma alargada son más sabrosas que las berenjenas de mayor tamaño, no necesitan pelarse y tampoco absorben mucho aceite. De venta en supermercados y comercios asiáticos.

Bok choy: Esta verdura, conocida también como col china, tiene un aspecto parecido al de la lechuga suiza.

Brotes de bambú: Los brotes tiernos, procedentes de la base del bambú, son crujientes y suaves, y absorben los sabores más fuertes. Están a la venta en conserva.

Castaña de agua: Se trata de un tubérculo feculento, suave y crujiente. Utilícelo crudo en ensaladas o añádalo a las sopas o los sofritos. Si lo adquiere en conserva, lávelo con abundante agua fría o escáldelo brevemente, para desprender el sabor a metal.

Daikon: Se trata de un tubérculo blanco de forma alargada y textura crujiente. También recibe el nombre de *mooli* o rábano blanco japonés.

Envolturas de rollitos de primavera: Estas hojas del grosor del papel, están hechas con harina y reciben el nombre de envolturas de Shanghi o pieles de Lumpia. Son más delgadas y, una vez fritas, resultan más crujientes que las envolturas de los rollitos de huevo cantoneses. Además, pueden volverse a congelar.

Envolturas Wonton: Estas suaves envolturas, en forma de cuadrado, están elaboradas con harina de trigo y se venden, frescas o congeladas, en comercios asiáticos.

Galangal: Conocido como jengibre tailandés o laos, se utiliza al natural, picado o cortado a rodajas, para preparar sopas, salsas y sofritos. Se encuentra en supermercados y comercios asiáticos.

Hierba limonera: Se trata de una hierba larga y fina, con sabor a limón. Comprima los tallos y, luego, píquela o córtela a rodajas. En su lugar, puede utilizar ralladura de limón o de lima.

Jicama: Es un tubérculo mexicano dulce y crujiente, muy parecido a la castaña de agua. Añádala a ensaladas y sofritos. Pélela antes de usarla.

Pasta de sésamo: Conocida también como *tahini* se elabora con semillas de sésamo molidas. A menudo, se mezcla con ajo, aceite, jugo de limón y otros condimentos, y se utiliza como una salsa para tapas o un aderezo mediooriental.

Pimienta Szechuan: Estas bayas secas, de color rojizo y gran aroma, son de un sabor picante pero suave. Antes de proceder a molerlas, tuéstelas en un wok o una sartén.

Sazonador de cinco especias: Se trata de una mezcla de canela, clavo de especia, anís de estrella, hinojo y pimienta Szechuan, que se utiliza en escabeches y salsas chinas. Se encuentra en supermercados y comercios asiáticos.

Radicchio: Es un tipo de escarola pequeña, de hojas apretadas, de color rojo y sabor ligeramente agrio. Cortado en tiritas, se utiliza en sofritos, arroces o ensaladas. De venta en supermercados o comercios italianos.

Raíz de jengibre: Esta raíz de aspecto nudoso y sabor dulce se emplea en la preparación de sopas, sofritos y pescados orientales. Guárdela en un lugar oscuro, pero no en la nevera.

Salsa de ciruelas: Este condimento cantonés, de sabor dulce y consistencia espesa, se elabora con ciruelas, albaricoques, ajo, chile, azúcar, vinagre y otros aromas. Utilícela como salsa para mojar o para preparar salsas para barbacoas.

Salsa de ostras: Es una salsa espesa de color marrón y rico y suave sabor (no sabe a pescado), que se elabora con concentrado de ostra y salsa de soja. Se utiliza a menudo en sofritos de buey y de verdura.

Salsa de pescado: Llamada también *nuoc nam* y *nam pla*, está elaborada con anchoas saladas y fermentadas y se utiliza en la preparación de salsas y sofritos, y como condimento. Las variedades vietnamita y tailandesa de esta salsa son más ligeras y recomendables. Cunde mucho y se conserva indefinidamente.

Salsa de soja: Esta salsa china tan esencial, utilizada como condimento o salsa para mojar, se elabora con una mezcla fermentada de soja, harina y agua. La salsa de soja ligera es más suave y común. Es salada pero puede disolverse en agua. La salsa de soja oscura es más espesa y dulce, debido a su contenido de melazas o caramelo. La salsa de soja japonesa o *shoyu* siempre se deja fermentar de forma natural.

Salsa hoisin: Este condimento de sabor dulzón y picante, y color marrón rojizo, se utiliza para preparar escabeches,

salsas para barbacoa y sofritos chinos. Se elabora con harina de soja, chiles, ajo, jengibre y azúcar. Constituye una excelente salsa para tapas.

Salsa/pasta de judía amarilla: Esta salsa aromática, picante y espesa, se elabora con judías amarillas fermentadas, harina y sal. Se utiliza para condimentar platos de pescado, ave o verdura.

Semillas de sésamo: Estas semillas, de venta muy extendida, añaden textura y sabor a los sofritos. Fríalas primero en un wok, sin aceite, para acentuar su sabor, y luego sofríalas y utilícelas para decorar. En lugar de semillas blancas, puede emplear semillas de soja negras (prepárelas del mismo modo).

Semillas de soja negras: Las semillas de soja, pequeñas y fermentadas, son muy saladas. La salsa de soja negra, disponible en lata o botella, es un sustituto rápido y eficaz.

Tallarines chinos:

Hebras de judía. También llamadas tallarines de celofán, son transparentes y están elaboradas con judías molidas. Añádalas a la sopa o sofríalas con verdura. Antes de emplearlas, remójelas en agua caliente durante 5 minutos. Si las fríe en aceite abundante, no las remoje antes.

Espaguetis chinos secos. Este tipo de tallarín, firme y delgado, es de cocción rápida (puede sustituirse por cualquier tipo de tallarín delgado). En los supermercados y comercios asiáticos venden tallarines chinos frescos elaborados con huevo.

Palitos de arroz. Se trata de tallarines largos, delgados y secos elaborados con harina de arroz. Se fríen directamente en aceite. Incrementan mucho su volumen y constituyen una base excelente para cualquier plato chino.

Soba. Este tallarín parecido al clásico espagueti, está elaborado con harina de trigo sarraceno y se emplea a menudo en la preparación de sopas japonesas. Es un ingrediente ideal de ensaladas frías de tallarines y su cocción es muy rápida.

Tofú (término japonés): Es un producto nutritivo y bajo en calorías elaborado con semillas de soja. Es suave, con una textura parecida a la del requesón, y absorbe otros sabores. Se debe sofreír con cuidado, ya que podría desintegrarse. El *tofú sedoso* es de textura mucho más suave y se utiliza principalmente en la preparación de sopas y salsas.

Vinagre de arroz: Utilice vinagre de arroz japonés, más suave y diáfano, para preparar aderezos para ensaladas, salsas y escabeches. El vinagre chino no es suficientemente fuerte.

Vino de arroz: Este vino añejo, hecho a base de arroz fermentado y levadura, se emplea mucho en la preparación de sofritos. Se puede sustituir por jerez seco.

— PESCADO AL ESTILO CRIOLLO —

50 ml de aceite vegetal
1 cucharadita de pimentón
1 cucharadita de orégano seco
$^1/_2$ cucharadita de comino molido
$^1/_2$ cucharadita de chile picante en polvo
$^1/_4$ cucharadita de pimienta negra
$^1/_4$ cucharadita de salsa picante de pimienta (opcional)
800 g de filete de pescado blanco cortado a pedazos de 2,5 cm
1 cebolla, picada
3 dientes de ajo, picados
4 tallos de apio, a rodajas finas
1 pimiento verde, a daditos
1 pimiento rojo, a daditos
200 g de kimbombó fresco, a rodajas
400 g de tomate triturado

En una fuente, mezcle 2 cucharadas de aceite junto con el pimentón, el orégano, el comino, el chile en polvo, la pimienta negra y la salsa picante de pimienta. Agregue los pedazos de pescado y, con cuidado, remuévalos junto con la salsa. Deje reposar el pescado durante 15 minutos. Caliente el wok a fuego fuerte. Con una espumadera, escurra los pedazos de pescado y añádalos al wok. Rehogue el pescado durante 2 minutos, hasta que esté firme. Póngalo en un cuenco.

Caliente el aceite restante en el wok y agregue la cebolla, el ajo y el apio. Rehogue la mezcla durante 1-2 minutos, hasta que la cebolla empiece a estar tierna. Añada los pimientos rojos y verdes y el kimbombó, y sofría todos los ingredientes durante 2-3 minutos. Incorpore el escabeche y el tomate triturado. Lleve la mezcla a ebullición y, removiendo con frecuencia, cuézala a fuego lento durante 4-5 minutos, hasta que adquiera cierta consistencia. Disponga de nuevo el pescado en el wok y cuézalo a fuego lento durante 1 minuto, hasta que esté caliente. Sirva con arroz para acompañar.

Para 6 personas

——— PEZ ESPADA AGRIDULCE ———

3 cucharadas de salsa de soja ligera
2 cucharadas de jerez seco o vino de arroz
3 cucharaditas de vinagre de vino o sidra
1 cucharada de azúcar
2 cucharaditas de tomate ketchup
500 g de filetes de pez espada, de 2,5 cm de
    grosor
3 cucharadas de aceite vegetal
1 pimiento rojo, a pedazos de 2,5 cm
1 pimiento verde, a pedazos de 2,5 cm
4 cebollitas, en segmentos de 5 cm de largo
3 cucharaditas de Maizena, disueltas en
    1 cucharada de agua fría
150 ml de caldo de pollo o pescado

En un cuenco, mezcle la salsa de soja junto
con el jerez o vino de arroz, el vinagre, el azúcar y el tomate ketchup. Corte el pescado en
tiritas y remuévalas junto con la mezcla anterior. Deje reposar durante 20 minutos. Coloque
el wok sobre el fuego y espere a que esté
muy caliente, aunque sin humear. Agregue
dos cucharadas de aceite y engrase con él el
wok. Con una espumadera, escurra las tiritas
de pescado, reservando el escabeche. Ponga
el pescado en el wok y sofríalo durante 2-3 minutos, hasta que esté firme. Con una espumadera traslade las tiritas a un cuenco.

Vierta el aceite restante en el wok. Añada ambos pimientos y sofríalos durante 2-3 minutos,
hasta que empiecen a estar tiernos. Agregue las
cebollitas y sofríalas durante 1 minuto más.
Mezcle la Maizena junto con el escabeche reservado, añada el caldo y remueva la mezcla
hasta que adquiera un aspecto homogéneo.
Vierta esta salsa en el wok y lleve la mezcla a
ebullición, removiendo con frecuencia. Déjela
durante 1-2 minutos, hasta que tome consistencia. Incorpore el pescado a la salsa y remueva hasta que esté caliente. Sirva junto con
arroz y decore con unos cebollinos.

Para 4 personas

—EMPERADOR AL ESTILO INDONESIO—

4 filetes de emperador, de unos 175 g cada uno
el zumo de 1 limón pequeño
2 cucharaditas de cúrcuma molida
100 ml de aceite vegetal
1 diente de ajo, picado
1 trocito (1 cm) de raíz fresca de jengibre, pelada y picada muy fina
1 chile fresco, sin semillas y picado
1 cebolla, cortada longitudinalmente para formar «pétalos»
2 cucharaditas de culantro molido
150 ml de leche de coco sin azúcar
1 cucharadita de azúcar y $^1/_2$ de sal
200 g de tirabeques
ramitas de perejil fresco, para decorar

Disponga los filetes de emperador en una fuente. Rocíelos con el zumo de limón y úntelos por ambos lados con la cúrcuma en polvo. Reserve. Caliente la mitad del aceite en un wok y remuévalo para engrasarlo. Con cuidado, disponga 2 de los filetes de pescado en el aceite y fríalos durante 4-5 minutos, dándoles la vuelta una vez. Saque los filetes del wok y escúrralos sobre papel de cocina. Agregue el aceite restante al wok y fría y escurra los otros 2 filetes del mismo modo. Manténgalos calientes.

Retire el aceite del wok y deje tan solo 1 cucharada. Incorpore el ajo, el jengibre y el chile, y sofría la mezcla durante 1 minuto. Agregue los «pétalos» de cebolla y el culantro y sofría ambos ingredientes durante 2 minutos, hasta que la cebolla empiece a estar tierna. Añada la leche de coco, el azúcar y la sal, y lleve la salsa a ebullición, agregando una pequeña cantidad de agua si resulta demasiado espesa. Incorpore los tirabeques y cueza durante 1 minuto, hasta que adquieran un color verde vivo. Con una cuchara, vierta la salsa sobre los filetes de pescado y decórelos con unas ramitas de perejil fresco. Sirva inmediatamente.

Para 4 personas

ATÚN NEGRO TROCEADO

1 cucharadita de chile en polvo (opcional)
$^1/_2$ cucharadita de pimienta negra molida
1 cucharadita de perejil picado
$^1/_2$ cucharadita de comino molido
1 cucharadita de pimentón
$^1/_2$ cucharadita de tomillo seco
50 ml de aceite vegetal
3 cucharadas de zumo de naranja
3 cucharadas de vinagre de sidra
1 cucharada de miel
4 filetes de atún, de unos 200 g y 2,5 cm de
    grosor cada uno, troceados
2 dientes de ajo, picados
2 cebollitas, a rodajas muy finas

En una fuente poco honda, mezcle el chile en polvo, la pimienta negra, el perejil picado, el comino, el pimentón y el tomillo. En una segunda fuente, mezcle el aceite con el zumo de naranja, el vinagre y la miel. Remueva los trozos de atún junto con la mezcla de aceite, hasta que estén bien impregnados y sumerja cada uno de los trozos en la mezcla de especias, asegurándose de que queden bien empapados.

Coloque el wok a fuego fuerte y espere hasta que esté muy caliente. Añada los trozos de atún y sofríalos durante 3-5 minutos, hasta que estén firmes. Distribuya el atún entre 4 platos previamente calentados. Vierta la mezcla de aceite en el wok y remuévala junto con las especias que hayan quedado en el mismo. Agregue el ajo y las cebollitas y sofría la mezcla durante 1-2 minutos. Con una cuchara, vierta la salsa sobre el atún y sirva junto con pilaf de arroz integral.

Para 4 personas

─ ATÚN, TOMATE Y MACARRONES ─

2 cucharadas de aceite de oliva
1 cebolla, picada
2 dientes de ajo, machacados
800 g de tomate pelado
1 cucharada de tomate concentrado
1 cucharada de orégano fresco, picado ó
    1 cucharadita de orégano seco
sal y pimienta negra recién molida
350 g de pasta (macarrones o rigatoni)
50 g de aceitunas negras, troceadas
2 cucharadas de alcaparras, escurridas
200 g de atún en conserva, escurrido
2 cucharadas de perejil fresco, picado
queso parmesano, para decorar

Coloque el wok sobre el fuego y espere a que
esté bien caliente. Agregue el aceite y remuévalo para untar las paredes y la base del wok.
Incorpore la cebolla y el ajo, y sofría ambos
ingredientes hasta que empiecen a estar tiernos.
Incorpore el tomate y, con una cuchara, desmenuce los trozos de mayor tamaño. Agregue
el tomate concentrado y el orégano. Lleve la
mezcla a ebullición y deje que hierva durante
unos 10-12 minutos, hasta que haya tomado
cierta consistencia. Sazone con sal y pimienta.
Entretanto, cueza la pasta en un cazo de agua
hirviendo (siga las instrucciones del paquete).

Incorpore las aceitunas, las alcaparras y el atún
a la salsa. Escurra la pasta y añádala a la salsa, removiendo con cuidado para mezclar todos los ingredientes. Agregue el perejil picado
y sirva inmediatamente; lleve el wok a la mesa
o bien distribuya la pasta entre 4 platos de
sopa. Con un cortador giratorio de verdura,
corte el queso parmesano formando virutas o,
simplemente, rállelo directamente sobre cada
plato.

Para 4 personas

ATÚN CON SALSA PICANTE

4 cucharadas de aceite vegetal o de sésamo
1 cucharada de salsa de soja
1 diente de ajo, machacado
750 g de filetes gruesos de atún, troceados
200 g de mooli (rábano picante japonés)
250 g de pepino, pelado, sin semillas y a
    daditos
1 pimiento rojo, a daditos
1 cebolla roja, a trocitos
1 chile fresco, sin semilla y picado
2 cucharadas de zumo de limón
1 cucharadita de azúcar
1 cucharada de semillas de sésamo, tostadas
gajos de de limón y ramitas de perejil fresco,
    para decorar

En una fuente poco honda, mezcle 1 cucharada de aceite con la salsa de soja y el ajo. Añada el atún troceado y remuévalo. Deje reposar la mezcla durante 15 minutos. Coloque el wok sobre el fuego y espere a que esté muy caliente. Agregue 1 cucharada de aceite y remuévalo para engrasar el wok. Incorpore el mooli, el pepino, el pimiento rojo, la cebolla y el chile, y sofría la mezcla durante 2-3 minutos, hasta que la verdura empiece a estar tierna y adquiera un color vivo. Agregue el zumo de limón, el azúcar y 1 cucharada de aceite, y cueza la mezcla durante 30 segundos, hasta que el azúcar se haya disuelto. Traslade la mezcla a un cuenco.

Vierta el resto del aceite en el wok, añada el atún troceado y sofríalo durante 2-3 minutos, hasta que esté firme (hágalo en varias veces, si es necesario). Distribuya el pescado entre 4 platos de servir y espolvoréelo con unas semillas se sésamo. Con una cuchara, vierta una pequeña cantidad de salsa en cada plato y decore con unos gajos de limón y unas ramitas de perejil resco. Sirva con tallarines chinos como acompañamiento.

Para 4 personas

RÓBALO CON ESPAGUETIS

1 cucharada de aceite
50 g de mantequilla
500 g de filete de róbalo, en tiras de 2,5 cm
sal y pimienta negra molida
200 g de champiñones, cuarteados
2 dientes de ajo, machacados
150 ml de vino blanco seco
2 tomates, pelados, troceados y sin semillas
el zumo de 1 limón
1 cucharada de tomate concentrado
4 cebollitas, a rodajas muy finas
2 cucharadas de albahaca fresca, picada
500 g de espaguetis
ramitas de albahaca fresca, para decorar

Caliente el wok sobre el fuego. Añada el aceite y remuévalo para engrasar el wok. Agregue
la mitad de la mantequilla y mézclela con el
aceite. Incorpore las tiras de róbalo y sofríalas
a fuego lento durante 1-2 minutos, hasta que
estén firmes. Sazone con sal y pimienta y, con
una espumadera, traslade el pescado a un cuenco. Agregue los champiñones al aceite que ha
quedado en el wok y, luego, añada el ajo y
sofría la mezcla durante 1 minuto. Incorpore el
vino blanco y remuévalo hasta deshacer los
pedacitos que hayan quedado pegados a la
base del wok. Lleve la mezcla a ebullición y deje
que hierva durante 1 minuto.

Removiendo con frecuencia, agregue el tomate troceado, el zumo de limón, el tomate concentrado, las cebollitas y la albahaca. Trocee la
mantequilla y añádala a la salsa. Incorpore el
pescado y cuézalo a fuego lento durante 1 minuto, hasta que esté caliente. Entretanto, en un
cazo grande lleno de agua hirviendo, cueza la
pasta, según las instrucciones del paquete.
Escurra la pasta y distribúyala entre 4 platos de
servir. Vierta la mezcla de pescado sobre la
pasta y decore con unas ramitas de albahaca
fresca.

Para 4 personas

—— SALMÓN A LAS CINCO ESPECIAS ——

1 cucharadita de aceite de sésamo
3 cucharadas de salsa de soja
3 cucharadas de jerez seco o vino de arroz
1 cucharada de miel
1 cucharada de zumo de limón
1 cucharadita de sazonador de cinco
    especias (vea página 10)
750 g de filete de salmón, sin piel y en tiritas
    de 2,5 cm
2 claras de huevo
3 cucharaditas de harina de maíz (Maizena)
300 ml de aceite vegetal
6 cebollitas, en segmentos de 5 cm
100 ml de caldo (de pollo o pescado) o agua
gajos de limón, para decorar

En una fuente de hornear poco honda, mezcle el aceite de sésamo con la salsa de soja, el jerez o el vino de arroz, la miel, el zumo de limón y el sazonador de cinco especias. Agregue las tiritas de salmón y, con cuidado, remuévalas junto con la salsa. Deje reposar 30 minutos. Con una espumadera, saque las tiritas de salmón del escabeche y séquelas con papel absorbente. Reserve el escabeche. En un plato, prepare un batido para rebozar mezclando las claras de huevo junto con la Maizena. Agregue las tiritas de maíz y mézclelas con el batido, hasta que estén bien rebozadas.

Caliente el aceite en un wok. Agregue el salmón en varias veces. Dórelo durante 2-3 minutos, dándole la vuelta una vez. Saque el pescado del wok y séquelo con papel de cocina. Retire el aceite del wok y límpielo bien, con un paño o papel. Vierta el escabeche en el wok y agregue las cebollitas y el caldo. Lleve la mezcla a ebullición y cuézala durante 1-2 minutos. Añada el pescado y remuévalo junto con la salsa. Cueza el pescado durante 1 minuto, hasta que esté caliente. Decore con unos gajos de limón y sirva con tallarines chinos para acompañar.

Para 4 personas

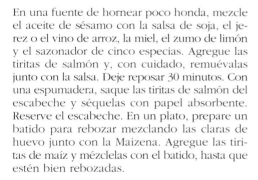

LUBINA AL VAPOR

1 lubina de 1 kg, limpia y entera
1 cucharada de vino de arroz o jerez seco
1 cucharadita de sal marina
2 cucharadas de aceite
2 cucharadas de judías negras fermentadas,
　　lavadas, escurridas y troceadas
1 diente de ajo, machacado
1 cm de raíz de jengibre fresca, pelada y
　　desmenuzada
3 cebollitas, a rodajas finas
2 cucharadas de salsa de soja
100 ml de caldo de pollo o pescado
6 cucharaditas de salsa china de chile
perejil fresco o cebollitas, para decorar

Con un cuchillo, practique 3 ó 4 cortes oblicuos
y profundos en ambos costados del pescado.
Rocíe el interior y exterior del pescado con el
vino o el jerez y sal. Ponga el pescado en una
fuente de hornear la cual, a su vez, quepa en
el wok. Deje reposar el pescado durante vein-
te minutos. Coloque una rejilla o un molde
pequeño invertido y un plato sobre la base
del wok. Llene el wok con 2,5 cm de agua y
llévela a ebullición. Ponga la fuente con el
pescado sobre la rejilla y tape bien el wok.
Cueza durante 8-12 minutos, hasta que la carne del pescado se desmenuce fácilmente.
Saque el pescado del wok y manténgalo caliente. Retire la rejilla del wok. Seque el wok
y caliéntelo sobre el fuego.

Ponga el aceite en el wok y remueva para engrasarlo. Añada las judías, el ajo y el jengibre,
y sofría la mezcla durante 1 minuto. Incorpore
las cebollitas, la salsa de soja y el caldo, y lleve la mezcla a ebullición. Cuézala durante 1 minuto. Añada la salsa de chile y retire el wok del
fuego. Vierta la salsa sobre el pescado, decórelo con perejil fresco o unas cebollitas y sirva inmediatamente.

Para 4 personas

CANGREJO AL ESTILO SINGAPUR

1 cucharada de aceite vegetal
1 cucharada de aceite de sésamo
4 dientes de ajo, machacados
1 pedacito de 2,5 cm de raíz de jengibre
    fresca, pelada y picada
2 cucharadas de vinagre
150 ml de caldo de pollo o pescado
70 ml de tomate ketchup
3 cucharaditas de chile picante y
    3 cucharaditas de salsa de soja
1 cucharada de azúcar moreno
2$\frac{1}{2}$ cucharaditas de harina de maíz (Maizena),
    disuelta en 3 cucharadas de agua
4 cebollitas, a rodajas finas
1 cangrejo grande, cocido, limpio y en su
    caparazón, a trocitos, con las piernas y las
    pinzas resquebrajadas, ó 4 pinzas
    grandes de cangrejo, resquebrajadas
tiritas de pepino y ramitas de perejil, para
    decorar

Coloque el wok sobre el fuego y espere hasta que esté muy caliente. Agregue los aceites y remueva para engrasar el interior del wok. Añada el ajo y el jengibre y sofría ambos ingredientes durante 1-2 minutos, hasta que estén tiernos pero no dorados. Incorpore el vinagre, el caldo de pollo o de pescado, el tomate ketchup, la salsa de chile, la salsa de soja y el azúcar, y lleve la mezcla a ebullición.

Remueva la mezcla de Maizena y viértala en el wok, junto con las cebollitas y el cangrejo. Cueza el cangrejo a fuego lento, durante 2-4 minutos, hasta que la salsa tome consistencia y el cangrejo esté bien caliente. Decore con unas tiritas de pepino y unas ramitas de perejil, y sirva con arroz hervido para acompañar.

Para 4 personas

—— WONTONS DE CANGREJO ——

70 ml de salsa de soja
2 cucharadas de vinagre
2 cucharadas de aceite de sésamo
$\frac{1}{2}$ cucharadita de chile seco, machacado
2 cucharaditas de miel o azúcar
6-8 castañas de agua enteras en conserva,
     escurridas y picadas
2 cebollitas, picadas
1 cucharadita de raíz de jengibre fresca,
     picada
250 g de carne de cangrejo, escurrida
$\frac{1}{2}$ cucharadita de salsa de pimiento rojo
1 cucharada de perejil fresco o eneldo picado
1 yema de huevo
30 envolturas wonton
aceite vegetal, para freír

En un cuenco, mezcle 50 ml de salsa de soja
junto con el vinagre, 1 cucharada de aceite de
sésamo, 1 cucharada de agua, el chile y la miel
o el azúcar. Resérvelo. Caliente el resto del
aceite en un wok, agregue las castañas de
agua, las cebollitas y la raíz de jengibre, y sofría la mezcla durante 1-2 minutos. Déjela enfriar ligeramente y mézclela con la carne de
cangrejo, el resto de la salsa de soja, la salsa
de pimiento rojo, el perejil y la yema de huevo. Disponga una cucharadita de mezcla sobre
cada una de las envolturas wonton. Humedezca
los extremos de las envolturas y dóblelas formando un triángulo.

Doble los dos extremos de la base del triángulo, de modo que queden uno sobre el otro
(como un tortelloni) y presiónelos. Selle bien
el relleno en el interior. Llene el wok con aceite hasta que éste alcance 7,5 cm de altura y caliéntelo a 190 °C. Dore los wontons por ambos
lados durante 3 minutos (hágalo en varias veces, si es necesario), dándoles la vuelta una
vez. Utilice una espumadera para sacar los
wontons del wok y séquelos con papel de cocina. Sirva con la salsa para mojar y ensalada.

Para preparar 30 wontons

— ENSALADA CALIENTE DE GAMBAS —

ensalada verde variada, para servir
2 mangos, pelados y a rodajas
2 cucharadas de aceite de oliva
150 g de guisantes dulces en vaina
4-6 cebollitas, en segmentos de 2,5 cm
15 g de mantequilla
500 g de gambas cocidas, peladas
1 cucharada de licor de anís
50 ml de nata líquida para montar
1 pellizco de nuez moscada molida
sal y pimienta negra molida
2 cucharadas de eneldo fresco picado
ramitas de eneldo fresco, para decorar

Cubra la mitad de 4 platos grandes con hojas de ensalada y disponga varias rodajas de mango en la otra mitad. Reserve. Caliente el aceite en un wok y remuévalo para engrasar su interior. Agregue los guisantes y las cebollitas y sofría ambos ingredientes durante 1-2 minutos, hasta que las vainas de los guisantes tomen un color verde vivo y las cebollitas empiecen a estar tiernas. Utilice un colador o una espumadera para trasladar la mezcla a un cuenco.

Ponga la mantequilla en el wok e incorpore las gambas. Sofríalas durante 1-2 minutos, hasta que estén calientes (evite cocerlas demasiado). Traslade las gambas al cuenco. Vierta el licor en el wok y remuévalo para disolver cualquier sustancia adherida a la base. Cuézalo durante 1 minuto, agregue la nata líquida y lleve la mezcla a ebullición. Sazone la salsa obtenida con nuez moscada, sal y pimienta. Añada el eneldo, las gambas, los guisantes y las cebollitas, y remueva todos los ingredientes hasta que estén bien impregnados de salsa. Utilice una cuchara para, inmediatamente, verter la mezcla sobre la ensalada. Decore los platos con unas ramitas de eneldo.

Para 4 personas

SOFRITO DE BACALAO

1 tallo de 15 cm de hierba limonera
1 cucharadita de tomate concentrado
1 cucharada de aceite vegetal
1 cucharada de aceite de sésamo
500 g de filetes de bacalao, sin piel y
    a pedazos
3 dientes de ajo, machacados
2,5 cm de raíz fresca de jengibre, pelada y
    picada
1 cebolla, cortada a lo largo (en «pétalos»)
1 chile fresco, sin semillas y picado
2 tomates, pelados, despepitados y triturados
1 cucharadita de azúcar
2 cebollitas grandes, en segmentos de 2,5 cm
2 cucharadas de perejil fresco picado
1 cucharada de zumo de limón
perejil y gajos de limón para decorar

Machaque la hierba limonera y córtela en segmentos de 2,5 cm. Póngala en un cazo, junto con 175 ml de agua, lleve la mezcla a ebullición y deje que hierva durante tres minutos. Agregue el tomate concentrado y remuévalo hasta que se haya disuelto. Reserve. Coloque un wok sobre el fuego, añada los aceites y espere a que estén muy calientes. Incorpore el pescado y sofríalo durante 3-4 minutos, hasta que esté firme. Traslade el pescado a un cuenco. Ponga el ajo y el jengibre en el wok y sofría ambos ingredientes durante 10 segundos. Agregue la cebolla y el chile, y sofría la mezcla durante 1-2 minutos, hasta que la cebolla empiece a estar tierna. Añada el tomate, el azúcar y la mezcla de hierba limonera.

Agregue las cebollitas, el perejil y el zumo de limón. Cueza la mezcla durante 1 minuto, hasta que las cebollitas tomen un color verde vivo. Incorpore el pescado y cueza durante un minuto, hasta que esté bien caliente. Decore con unos gajos de limón y perejil y sirva con tallarines chinos para acompañar.

Para 2 personas

-LANGOSTA CON CREMA DE MOSTAZA-

500 g de patatas nuevas, partidas por la
   mitad (si son grandes)
15 g de mantequilla
1 cebolla, picada fina
1 diente de ajo, machacado
200 g de champiñones
100 ml de vino blanco seco
200 ml de nata líquida
1 pellizco de nuez moscada rallada
sal y pimienta negra molida
4 cebollitas, a rodajas finas
1-2 cucharadas de mostaza Dijon
500 g de carne de langosta cocida
250 g de gambas cocidas y peladas
2 cucharadas de albahaca fresca,
   desmenuzada
hojas de albahaca, para decorar

Cueza las patatas en un cazo lleno de agua
hirviendo, durante 12-15 minutos, hasta que, al
pincharlas con un chuchillo afilado, compruebe
que están tiernas. Caliente un wok sobre el
fuego. Con la mantequilla unte el interior del
wok. Agregue la cebolla y el ajo y sofríalos
durante 1 minuto. Incorpore los champiñones
y sofríalos durante 1-2 minutos. Añada el vino
blanco y lleve la mezcla a ebullición. Cuézala
a fuego lento durante 2-3 minutos, hasta que
quede reducida a la mitad. Cueza la mezcla a
fuego lento, hasta que se reduzca y tome consistencia. Sazone con la nuez moscada, sal y
pimienta molida, y agregue las cebollitas. Incorpore la nata líquida, remuévala y, de nuevo,
lleve la mezcla a ebullición.

Incorpore 1 cucharada de mostaza Dijon, la
langosta y las gambas, y cueza la mezcla durante 1-2 minutos. Agregue la albahaca y las patatas. Compruebe el sabor y añada el resto de
la mostaza, si desea un sabor más fuerte.
Distribuya la langosta entre 4 platos de servir
y decore con unas hojas de albahaca fresca.

Para 4 personas

— GAMBAS PICANTES CON PEPINO —

500 g de gambas cocidas, en su caparazón
1 cucharada de aceite vegetal
1 cucharada de aceite de sésamo
2,5 cm de raíz fresca de jengibre, pelada y
    picada fina
2-3 dientes de ajo, picados muy finos
2-3 chiles frescos, sin semillas y picados
    (opcional)
$1/2$ pepino, pelado, sin semillas y a daditos
2-3 cebollitas, a rodajas finas
2 cucharadas de tomate ketchup
3 cucharaditas de vinagre
$1/2$ cucharadita de azúcar

Con unas tijeras de cocina o un cuchillo bien afilado, practique un corte a lo largo del dorso del caparazón de las gambas, de modo que la vena negra que allí se encuentra quede expuesta. Sin estropear el caparazón, limpie las gambas bajo un chorro de agua fría y extraiga la vena del dorso. Seque las gambas con papel de cocina absorbente. Coloque un wok sobre el fuego y espere a que esté caliente. Agregue los aceites y remuévalos para engrasar el interior del wok. Añada el jengibre, el ajo y los chiles, y sofría la mezcla durante un minuto, hasta que los ingredientes estén fragantes pero no dorados. Suba el fuego y agregue las gambas. Sofríalas durante 1-2 minutos, hasta que estén calientes.

Incorpore el pepino y las cebollitas. Añada el tomate ketchup, el vinagre y el azúcar, y sofría la mezcla durante 1 minuto, hasta que las gambas estén ligeramente mojadas con la salsa y el pepino esté translúcido. Sirva inmediatamente.

Para 2 personas

— GAMBAS CON ESENCIA DE JAZMÍN —

3 cucharadas de sake o jerez seco
1 cucharada de salsa de soja
2,5 cm de raíz fresca de jengibre, pelada y
    picada fina
1 cucharadita de aceite de sésamo
1/4 cucharadita de sal
750 g de gambas crudas de tamaño medio,
    peladas y sin la vena del dorso
2 cucharadas de hojas de té de jazmin u otro
    té aromático, como Earl Grey
125 ml de caldo de pollo o pescado
2 cucharaditas de Maizena, disueltas en
    1 cucharada de agua
$^1/_2$ cucharadita de azúcar
1 cucharada de aceite vegetal
4 cebollitas, a rodajas finas
ramitas de menta o flores de jazmín

En un cuenco, mezcle el sake o jerez seco,
junto con la salsa de soja, el jengibre, el aceite de sésamo y la sal. Agregue las gambas y remuévalas. Deje reposar la mezcla durante 30
minutos, removiendo 1 o 2 veces. Llene un
cuenco con 125 ml de agua hirviendo, incorpore las hojas de té y deje reposar la infusión
durante 1 minuto. Con un colador fino para
té, cuele el té sobre otro cuenco y deseche las
hojas. Agregue el caldo al cuenco con el té e
incorpore la mezcla de Maizena y el azúcar.
Caliente un wok. Agregue el aceite vegetal y
remuévalo para engrasar el interior del wok.
Utilice un colador chino o una espumadera
para extraer las gambas del escabeche. Ponga
las gambas en el wok y sofríalas durante 1-2 minutos, hasta que estén firmes. A continuación,
trasládelas a un cuenco. Incorpore las cebollitas y el escabeche reservado, y cueza la mezcla durante 1 minuto. Remueva la mezcla de té
y viértala en el wok. Remueva la salsa y espere hasta que haya tomado consistencia. De
nuevo, ponga las gambas en el wok y mézclelas con la salsa. Decore con menta o jazmín
y sirva con arroz.

Para 4 personas

GAMBAS AL ESTILO PACÍFICO

2 cucharadas de aceite de oliva
500 g de gambas crudas de tamaño medio,
   peladas y sin la vena del dorso
2 dientes de ajo, machacados
2,5 cm de raíz fresca de jengibre, pelada y
   picada
2 tallos de apio, a rodajas
1 pimiento rojo, a rodajas
4 cebollitas, a tiritas delgadas
250 g de piña en conserva sin azúcar,
   troceada, escurrida (reservar el jugo)
2 cucharaditas de Maizena
2 cucharaditas de salsa de soja
1 cucharada de zumo de limón
una pequeña cantidad de salsa de pimienta
   picante
150 g de nueces de macadamia (enjuagadas,
   si son con sal)

Caliente un wok sobre el fuego. Agregue 1 cucharada de aceite y remuévalo para engrasar
el interior del wok. Añada las gambas y sofríalas durante 2 minutos, hasta que estén firmes
y tomen un color rosado. Traslade las gambas
a un cuenco. Vierta el resto del aceite en el
wok. Incorpore el ajo y el jengibre, y sofría
ambos ingredientes durante 30 segundos.
Añada el apio, el pimiento rojo y las cebollitas,
y sofría la mezcla durante 3-4 minutos, hasta
que la verdura esté tierna pero crujiente. Incorpore la piña troceada.

En un cuenco, disuelva la harina de maíz
(Maizena) en el zumo reservado de la piña.
Añada la salsa de soja, el zumo de limón y la
salsa de pimienta picante, a la mezcla de
Maizena y jugo de piña. Vierta la mezcla anterior en el wok. Lleve a ebullición la salsa con-
seguida. Incorpore las gambas reservadas y las
nueces de macadamia y sofría la mezcla hasta
que la salsa se haya espesado y las gambas estén bien calientes.

Para 4 personas

———— GAMBAS CON RADICCHIO ————

2 cucharadas de aceite de oliva
4 dientes de ajo, machacados
2 chalotes, picadas finas
4 lonchas de bacon, a daditos
750 g de gambas crudas de tamaño medio,
     peladas y sin la vena del dorso
100 ml de grappa o brandy
250 g de radicchio, a tiritas finas
250 ml de nata líquida
sal y pimienta negra molida
3-4 cucharadas de perejil fresco picado
500 g de tallarines

Caliente un wok. Agregue el aceite y remué-valo para engrasar las paredes y la base del wok. Añada el ajo, los chalotes y el bacon.

Sofría la mezcla durante 1-2 minutos, hasta que el bacon esté crujiente. Añada las gambas y sofríalas durante 2 minutos, hasta que to-men un color rosado y estén firmes. Con un co-lador chino o una espumadera, traslade las gambas a un cuenco. Vierta el grappa o brandy en el wok y haga hervir la mezcla, removien-do con frecuencia. Agregue el radicchio, la sal y la pimienta. Haga hervir la mezcla durante un minuto, hasta que la salsa se espese ligera-mente. Añada la nata líquida y las gambas y re-muévalas junto con la salsa. Agregue la mitad del perejil.

Cueza la pasta en un cazo con agua hirviendo (siga las instrucciones del paquete). Escurra los tallarines y distribúyalos entre 4 cuencos gran-des. Con una cuchara, vierta la salsa sobre la pasta y espolvoréela con el resto del perejil.

Para 4 personas

Variación: Puede utilizar gambas cocidas. Si así lo hace, no las sofría; agréguelas a la salsa ya espesada y déjelas calentar durante 1 mi-nuto, a fuego lento, antes de añadir el perejil.

MEJILLONES CON MASTUERZO

36-40 mejillones grandes
2 cucharadas de aceite de oliva
1 cebolla, picada fina
2 dientes de ajo, machacados
250 ml de caldo de pollo o pescado
1 pimiento rojo pequeño, a rodajas finas
150 ml de nata líquida
2 ramilletes de mastuerzo u oruga, lavados,
    escurridos y picados
sal y pimienta negra molida
500 g de tallarines

Utilice un cepillo de cerdas duras para limpiar los mejillones. Con un cuchillo pequeño, quíteles las barbas y las incrustaciones. Retire aquellos que no estén herméticamente cerrados.

Caliente el wok, agregue el aceite y remuévalo para engrasar su interior. Añada la cebolla y el ajo, y sofría ambos ingredientes durante 1-2 minutos, hasta que la cebolla empiece a estar tierna. Incorpore el caldo de pollo o pescado y los mejillones. Lleve la mezcla a ebullición y deje que hierva durante 3-4 minutos hasta que los mejillones se hayan abierto. Utilice un colador chino para pasar los mejillones a un cuenco. Deseche los mejillones que aún estén cerrados.

Agregue el pimiento rojo y hierva el líquido de cocción hasta que se haya reducido a unos 250 ml. Añada la nata líquida y cueza la salsa a fuego lento, durante 3 minutos, hasta que adquiera cierta consistencia. Incorpore el mastuerzo u oruga y sazone con sal y pimienta. Vierta los mejillones en el wok y remuévalos junto con la salsa, hasta que estén calientes. En un cazo grande lleno de agua hirviendo, cueza los tallarines siguiendo las instrucciones del paquete. Escurra la pasta y distribúyala entre 4 platos de sopa. Con un cuchara, vierta la salsa de los mejillones sobre la pasta.

Para 4 personas

ESTOFADO DE OSTRAS

aceite de oliva para freír
1 barra pequeña de pan, a daditos de 1 cm
pimienta negra molida
queso parmesano, para espolvorear
15 g de mantequilla
1 cebolla pequeña, picada fina
1 diente de ajo, picado fino
2 cucharadas de harina
400 g de tomate triturado
$\frac{1}{2}$ cucharadita de chile en polvo
$\frac{1}{2}$ cucharadita de pimentón
24-30 ostras sin la concha (reserve el jugo)
500 ml de nata líquida
250 ml de leche
2 cucharadas de perejil fresco, picado

Llene un wok con aceite (la altura del aceite debe ser de 5 cm) y caliéntelo. Fría los daditos de pan hasta que estén dorados. Seque los cuscurros con papel de cocina absorbente y espolvoréelos con pimienta y queso parmesano y remuévalos. Retire el aceite del wok, dejando tan solo 1 cucharada. Coloque el wok sobre el fuego. Agregue la mantequilla, la cebolla y el ajo, y sofría durante 1-2 minutos, hasta que la cebolla empiece a estar tierna. Añada la harina y cueza durante 1 minuto más. Incorpore el tomate, el chile en polvo y el pimentón, y cueza la mezcla durante 3-4 minutos, removiendo con frecuencia.

Cubra un colador con un paño de muselina y cuele el jugo reservado de las ostras. Añada la nata líquida y la leche y, a fuego lento, lleve la salsa a ebullición. Cuézala durante 4-5 minutos, hasta que se haya espesado y reducido ligeramente. Sazone con sal y pimienta. Incorpore las ostras y cuézalas a fuego lento durante 1-2 minutos, hasta que los extremos de las mismas empiecen a rizarse. Añada el perejil picado y remueva. Distribuya el estofado entre 4 ó 6 platos de sopa. Espolvoree los platos con queso parmesano y sirva los cuscurros por separado.

Para 4-6 personas

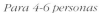

—— ALMEJAS AL ESTILO MALAYO ——

24 almejas
1 cucharada de aceite vegetal
1 cucharada de aceite de sésamo
2 dientes de ajo, machacados
2,5 cm de raíz fresca de jengibre, pelada y picada fina
1 cucharada de judías negras fermentadas, lavadas y picadas (opcional)
6 cucharaditas de curry en polvo
250 ml de caldo de pollo o pescado
500 ml de tomate ketchup
2 cucharadas de salsa de ostras
1 cucharada de salsa de soja
1 cucharadita de salsa de chile china
2 cucharaditas de Maizena, disuelta en 3 cucharadas de agua
4 cebollitas, a rodajas finas

Utilice un cepillo de cerdas duras para limpiar las almejas. Cúbralas con agua fría y déjelas reposar durante 1 hora. Con un colador chino, traslade las almejas a un escurridor (de este modo, la arena de las almejas se depositará en el fondo). Deseche aquellas que no estén herméticamente cerradas. Caliente los aceites en un wok y remuévalos para engrasar su interior. Agregue el ajo, el jengibre y las judías negras, y sofría la mezcla durante 30 segundos. Incorpore el curry en polvo y cueza durante un minuto, sin dejar de remover.

Añada las almejas, el caldo, el tomate ketchup, la salsa de ostras, la salsa de soja y la salsa de chile. Tape el wok y deje hervir a fuego lento durante unos 5 minutos, hasta que las almejas se hayan abierto. Remueva la Maizena disuelta e incorpórela a la mezcla de ostras, junto con las cebollitas. Remueva la mezcla hasta que tome consistencia y las cebollitas tomen un color vivo. Retire aquellas almejas que no se hayan abierto. Sirva inmediatamente con arroz cocido al vapor o tallarines chinos.

Para 2 personas

VIEIRAS AGRIDULCES

5 cm de tallo de hierba limonera
2 cucharadas de aceite de oliva
2 dientes de ajo, machacados
2,5 cm de raíz de jengibre, pelada y picada
  fina
1 chile fresco, sin semillas y picado
500 g de vieiras marinas, partidas por la mitad
  (al través)
1 pimiento verde, a daditos
1 pimiento rojo, a daditos
4-6 cebollitas, a rodajas finas
50 ml de vinagre de arroz sazonado
2-3 cucharadas de nam pla (salsa de pescado
  tailandesa)
1 cucharadita de azúcar
1 tomate, pelado, despepitado y triturado
3 cucharadas de perejil fresco, picado
ramitas de perejil para decorar

Machaque el tallo de la hierba limonera y córtelo en segmentos de 1 cm. Caliente un wok, agregue el aceite y remuévalo para engrasar su interior. Incorpore la hierba limonera, el ajo, el jengibre y el chile, y sofría la mezcla durante 30 segundos. Añada las vieiras y sofríalas durante 3 minutos, hasta que estén firmes y tomen un color opaco. Utilice un colador chino o una espumadera para trasladar las vieras a un cuenco.

Incorpore los pimientos verde y rojo y las cebollitas al wok, y sofría la mezcla durante 2 a 3 minutos, hasta que la verdura empiece a estar tierna. Agregue el vinagre, el nam pla, el azúcar, el tomate y el perejil picado. Ponga las vieiras en el wok y remuévalas durante 30-50 segundos, hasta que estén calientes y bien impregnadas de salsa. Decore con unas ramitas de perejil y sirva con arroz hervido, normal o integral.

Para 4 personas

VIEIRAS CON ANACARDOS

50 ml de jerez seco o vino de arroz
3 cucharadas de tomate ketchup
1 cucharada de salsa de ostras
1 cucharada de vinagre
1 cucharada de aceite de sésamo
1 cucharadita de salsa de chile china
   (opcional)
1 cucharada de ralladura de naranja y
   1 cucharada de jugo de limón
1 cucharadita de Maizena
1 cucharada de aceite vegetal
750 g de vieiras
2 dientes de ajo, machacados
4 cebollitas, a rodajas finas
200 g de espárragos frescos, en segmentos
   de 2,5 cm
150 g de anacardos, ligeramente enjuagados

En un cuenco de tamaño medio, mezcle el jerez seco o vino de arroz junto con el tomate ketchup, la salsa de ostras, el vinagre, el aceite de sésamo, la salsa de chile, la ralladura y el zumo de naranja y la Maizena. Caliente un wok, agregue el aceite y remuévalo para engrasar su interior. Añada las vieiras y sofríalas durante 1-2 minutos, hasta que empiecen a tomar un color opaco. Traslade las vieiras a un cuenco.

Incorpore el ajo, las cebollitas y los espárragos al wok, y sofría la mezcla durante 2-3 minutos, hasta que los espárragos tomen un color verde vivo y estén tiernos pero crujientes. Remueva los ingredientes de la salsa de jerez y viértala en el wok. Lleve la mezcla a ebullición. Ponga las vieiras en el wok y agregue los anacardos. Sofría la mezcla durante un minuto, removiendo todos los ingredientes para impregnarlos con la salsa, hasta que las vieiras estén calientes. Sirva con arroz para acompañar y decore con unas tiritas de piel de naranja.

Para 4 personas

—— MARISCO AL ESTILO TAILANDÉS ——

2 cucharadas de aceite vegetal
500 g de vieiras marinas, fileteadas
1 cebolla, picada
5 cm de raíz fresca de jengibre, pelada y
    picada fina
4 dientes de ajo, machacados
6 cucharaditas de curry en polvo
$1^1/_2$ cucharaditas de perejil picado
$1^1/_2$ cucharaditas de comino
15 cm de tallo de hierba limonera, machacada
200 g de tomate triturado
100 ml de caldo de pollo
450 ml de leche de coco sin azúcar
12 mejillones, limpios y sin barbas
500 g de gambas cocidas, peladas y limpias
12 varitas de carne de cangrejo
perejil fresco picado y virutas de coco, para
    decorar

Caliente un wok y agregue 1 cucharada de aceite para engrasarlo. Sofría las vieiras durante 2-3 minutos, hasta que estén firmes y tomen un color opaco. Trasládelas a un cuenco. Vierta el resto del aceite en el wok y agregue la cebolla, el jengibre y el ajo. Sofría durante 1-2 minutos, hasta que la cebolla esté tierna. Incorpore el curry en polvo, el perejil, el comino y la hierba limonera. Sofría durante 1 o 2 minutos. Agregue el tomate triturado y el caldo. Remueva la mezcla con frecuencia, y déjela hervir a fuego lento durante 5 minutos, hasta que adquiera consistencia. Añada la leche de coco y cueza a fuego lento 2-3 minutos.

Vierta los mejillones y cuézalos durante 1-2 minutos, hasta que empiecen a abrirse. Agregue las gambas y las varitas de cangrejo. Tápelos y cueza la mezcla durante 1-2 minutos más, hasta que todos los mejillones se hayan abierto y el marisco esté bien caliente. Deseche la hierba limonera y aquellos mejillones que aún permanezcan cerrados. Decore con perejil picado y unas virutas de coco, y sirva con arroz cocido al vapor para acompañar.

Para 6-8 personas

MARISCO JAMBALAYA

2 cucharadas de aceite vegetal
500 g de gambas crudas, peladas y limpias
250 de vieiras marinas
250 g de carne de salchicha de cerdo
1 cucharada de harina
1 cebolla grande, picada
3 dientes de ajo, picados
2 tallos de apio, a rodajas finas
1 pimiento verde y 1 pimiento rojo, a daditos
3 cucharaditas de chile en polvo
350 g de arroz de grano largo
400 g de tomate triturado
500 ml de caldo de pollo
sal y pimienta negra
500 g de colas de cigala cocidas o la carne
    de 1 cangrejo
perejil fresco picado, para decorar

Caliente un wok y engráselo con el aceite.
Sofría las gambas durante 2-3 minutos. Trasládelas a un cuenco. Ponga las vieiras en el wok
y sofríalas durante 2-3 minutos, hasta que estén firmes y tengan un color opaco. Trasládelas
a un cuenco. Dore la carne de salchicha en el
wok. Agregue la harina y remuévala junto con
la carne de salchicha, hasta que ambos ingredientes formen una mezcla homogénea. Añada
la cebolla, el ajo, el apio, los pimientos y el chile en polvo. Sofría la mezcla durante 4-5 minutos, hasta que la verdura empiece a estar
tierna y, luego, incorpore el arroz.

Agregue el tomate triturado con su jugo y el caldo de pollo. Remueva bien y sazone con sal
y pimienta negra molida. Lleve la mezcla a
ebullición, tape el wok y cuézala durante vein-
te minutos, hasta que el arroz esté tierno y el
líquido haya sido absorbido. Añada las gambas,
las vieiras y las colas de cigala o carne de cangrejo. Cubra el wok y cueza la mezcla durante
5 minutos más, hasta que el marisco esté bien
caliente. Decore con perejil fresco y sirva con
arroz hervido para acompañar.

Para 6 personas

ENSALADA PICANTE DE POLLO

250 g de arroz integral
3 cucharadas de aceite de sésamo
2 cucharadas de aceite de oliva
150 g de anacardos o cacahuetes
150 g de tirabeques
750 g de pechuga de pollo, pelada,
    deshuesada y en tiritas
2 cucharadas de aceite de girasol
2,5 cm de raíz fresca de jengibre, pelada y a
    rodajas finas
2 dientes de ajo, machacados
4-6 cebollitas, cortadas a rodajas
1-2 chiles verdes frescos, sin semillas y a
    rodajas finas
3 cucharadas de vinagre
2 cucharadas de menta picada o de perejil
ensalada verde variada
1 naranja, pelada, segmentada, con el zumo
    reservado

Cueza el arroz hasta que esté tierno. Escúrralo,
viértalo en un cuenco, sazónelo con aceite de
sésamo y reserve. Caliente el wok y engrase
su interior con aceite de oliva. Sofría las nueces durante 1-2 minutos. Viértalas en el cuenco con el arroz. Ponga los tirabeques en el
wok y sofríalos durante 1-2 minutos. Sofría el
pollo durante 2-3 minutos. Colóquelo en el
cuenco y remuévalo junto con el arroz.

Vierta el aceite de girasol en el wok y agregue
el jengibre, el ajo, las cebollitas y los chiles.
Sofría durante 1 minuto, hasta que la cebolla
empiece a estar tierna. Vierta el contenido del
wok sobre la mezcla de arroz. De nuevo, coloque el wok sobre el fuego, vierta en él el
vinagre y remuévalo para deshacer los residuos de la cocción. Vierta el vinagre sobre la
mezcla de arroz, añada la mitad de las hierbas
y remueva bien. Cubra la base de una fuente
con hojas de ensalada y disponga encima la
mezcla de arroz. Decore la fuente con gajos de
naranja y vierta encima el zumo reservado.

Para 4 personas

POLLO AL LIMÓN

2 claras de huevo
7 cucharaditas de Maizena
600 g de pechuga de pollo, pelada,
    deshuesada y en tiritas
125 ml de aceite vegetal
1 cebolla, a rodajas finas
1 diente de ajo, machacado
1 pimiento rojo, a rodajas finas
150 ml de caldo de pollo
la ralladura y el zumo de 1 limón
1 cucharada de azúcar
1 cucharada de salsa de soja
1 cucharada de vino de arroz o de jerez seco
una pizca de salsa picante de pimienta
cebollinos frescos, para decorar

En un cuenco, bata las claras de huevo junto con 4 cucharaditas de Maizena. Agregue las tiritas de pollo y remuévalas bien, hasta que esten bien impregnadas. Deje la mezcla en el refrigerador durante 10-15 minutos. Caliente el aceite vegetal en un wok y unte con él su interior. Fría las las tiritas de pollo en el wok a fuego fuerte, para evitar que se adhieran. Cuézalas durante 2-3 minutos, hasta que estén doradas. Séquelas con papel de cocina absorbente. Retire el aceite del wok dejando tan solo 1 cucharada.

Disponga la cebolla, el ajo y el pimiento rojo en el wok. Sofría la verdura durante 1-2 minutos, hasta que la cebolla empiece a estar tierna. Incorpore el caldo de pollo, la ralladura y el zumo de limón, el azúcar, la salsa de soja, unas gotitas de salsa de pimienta y el vino o jerez. Disuelva el resto de la Maizena en dos cucharadas de agua y agréguela a la salsa. Cueza la mezcla durante 30 segundos, hasta que tome consistencia. Agregue las tiritas de pollo y remueva. Cueza el pollo durante un minuto, hasta que esté bien caliente. Decore con unos cebollinos y sirva con arroz hervido.

Para 4 personas

—— POLLO CON PASTA DE JUDÍAS ——

2 claras de huevo
4 cucharaditas de Maizena
750 g de pechugas de pollo, pelada,
    deshuesada y a daditos de 2,5 cm
125 ml de aceite de oliva
4 cebollitas, a rodajas
2 tallos de apio, a rodajas finas
1 pimiento verde, a daditos
1 cucharadita de raíz fresca de jengibre,
    picada muy fina
1 cucharadita de chile, machacado
1 cucharadita de azúcar
4 cucharaditas de pasta de judía amarilla
4 cucharaditas de jerez seco
150 g de anacardos, tostados
gajos de limón, para decorar

En un cuenco de tamaño mediano, bata las
claras de huevo junto con la Maizena. Agregue
el pollo y remueva hasta impregnarlo con la
mezcla anterior. Reserve el pollo en la nevera,
durante 10-15 minutos. Caliente el aceite de
oliva en un wok y unte con él su interior. Con
una espumadera, ponga los daditos de pollo en
el wok (hágalo en 2 veces). Sofría el pollo a
fuego rápido, para evitar que se adhiera. Cueza
el pollo durante 2-3 minutos, hasta que esté dorado y, luego, séquelo con papel de cocina
absorbente. Retire el aceite del wok dejando tan
sólo 2 cucharadas.

Agregue las cebollitas, el apio, el pimiento verde y el jengibre, y sofría la mezcla durante 2 a
3 minutos, hasta que la cebolla y el pimiento
empiecen a estar tiernos. Incorpore el chile picado, el azúcar, la pasta de judía amarilla, el jerez seco y los anacardos, y remueva todos los
ingredientes hasta que el azúcar se haya disuelto. Agregue el pollo y remuévalo para impregnarlo con la salsa. Cuézalo durante 30 segundos. Decore con unos gajos de limón y
sirva inmediatamente, junto con una ensalada.

Para 4 personas

POLLO AL ESTILO ÁRABE

1 kg de pechuga de pollo, pelada,
   deshuesada y en lonchas finas
$1/2$ cucharadita de pimienta negra molida
$1/2$ cucharadita de sal
$1/2$ cucharadita de cardamomo molido
$1/2$ cucharadita de canela molida
$1/4$ cucharadita de clavo de especia molido
$1/4$ cucharadita de chile en polvo
2 cucharadas de zumo de limón
2 cucharadas de aceite de oliva
3 panes pitta de 20 cm cada uno
6 hojas de lechuga
1 cebolla, picada fina
salsa tahini
ramitas de albahaca fresca y anillos de
   cebolla, para decorar

En una fuente de hornear, mezcle el pollo con
la pimienta negra, la sal, el cardamomo, la canela, el clavo de especia, el chile en polvo y el
zumo de limón. Remueva el pollo con el resto
de los ingredientes hasta que esté bien impregnado y resérvelo en el refrigerador, durante 4
a 6 horas o hasta el día siguiente. Caliente un
wok. Agregue el aceite de oliva y unte con él
su interior. Ponga el pollo en el wok y sofríalo durante 2-3 minutos, hasta que esté dorado
y firme. Séquelo con papel de cocina absorbente.

Precaliente el grill. Disponga los panes pitta
sobre una rejilla y cuézalos bajo el grill durante 1-2 minutos, dándoles la vuelta 1 vez,
hasta que tomen un color dorado y se hayan
hinchado. Corte los panes pitta por la mitad (al
través) e introduzca una hoja de lechuga en el
interior de cada mitad. Con una cuchara, rellene
los panes con la mezcla de pollo. Luego, espolvoréelos con la cebolla picada y sazónelos
con salsa tahini. Antes de servir, decore con ramitas de albahaca y anillos de cebolla.

Para 6 personas

—— POLLO AL VINAGRE BALSÁMICO ——

ensalada verde variada, para servir
2 cucharadas de aceite de oliva
1 cebolla, picada fina
2 dientes de ajo, machacados
750 g de pechugas de pollo, peladas,
    deshuesadas y en tiritas de 2,5 cm
9 cucharaditas de vinagre balsámico
3 cucharaditas de mostaza Dijon
pimienta negra molida
2 cucharadas de albahaca fresca, picada
hojas de albahaca fresca, para decorar

Distribuya las hojas de ensalada entre 4 platos de servir y reserve.

Caliente un wok, agregue el aceite de oliva y remuévalo para untar con él las paredes y la base del mismo. Añada la cebolla y el ajo, y sofría ambos ingredientes durante 1-2 minutos, hasta que la cebolla empiece a estar tierna. Incorpore el pollo y sofríalo durante 3-4 minutos (hágalo en 2 veces), hasta que esté firme y dorado. Seguidamente, ponga todas las tiritas de pollo en el wok.

Vierta el vinagre y la mostaza en el wok y sofría la mezcla durante 2-3 minutos, hasta que el pollo esté cocido y bien impregnado de vinagre y mostaza. Sazone el pollo con sal y pimienta, y espolvoréelo con la albahaca picada. Con una cuchara, distribuya el pollo entre los 4 platos de servir y decórelo con unas hojas de albahaca. Sirva con unas patatas salteadas.

Para 4 personas

— POLLO AL ESTILO SATAY —

hojas de lechuga y varitas de pepino, para
   servir
3 cucharadas de aceite de oliva
2,5 cm de raíz fresca de jengibre, pelada y
   picada fina
1 diente de ajo, machacado
600 g de muslos de pollo, pelados,
   deshuesados y a trocitos
1 cucharadita de chile en polvo
6 cucharaditas de salsa de chile china
4-6 cebollitas, a rodajas finas
300 ml de leche de coco sin azúcar
1 cucharadita de azúcar
$\frac{1}{2}$ cucharadita de sal
cacahuetes picados y hojas de perejil fresco,
   para decorar

Disponga las hojas de lechuga y las varitas de
pepino en una fuente de servir y reserve.
Caliente un wok, agregue el aceite y remuévalo
para engrasar las paredes y la base del mismo.
Añada el jengibre y el ajo, y sofría ambos ingredientes durante 1 minuto, sin que lleguen
a dorarse. Incorpore el pollo y sofríalo durante 3-4 minutos, hasta que esté ligeramente firme y dorado.

Agregue el chile en polvo, la salsa de chile y
las cebollitas. A continuación, añada la leche
de coco lentamente, sin dejar de remover, hasta conseguir una salsa untuosa y homogénea.
Agregue el azúcar y la salsa, y cueza la mezcla a fuego lento durante 3-5 minutos, hasta
que la salsa tome consistencia. Con una cuchara, vierta la mezcla de pollo en la fuente de
servir y espolvoréela con cacahuetes picados
y hojas de perejil. Sirva con arroz para acompañar.

Para 4 personas

POLLO BANG-BANG

50 ml de aceite de oliva
3 zanahorias, a tiritas finas
1 chile fresco, sin semillas y picado
225 g de semillas de soja, limpias
$^1/_2$ pepino, sin semillas y a tiritas finas
800 g de pechugas de pollo, peladas,
   deshuesadas y a tiritas
2,5 cm de raíz fresca de jengibre, a tiritas
2 dientes de ajo, machacados
4 cebollitas, a rodajas finas
9 cucharaditas de vinagre de sidra
2 cucharadas de jerez seco
1 cucharada de azúcar
1 cucharadita de salsa de chile china
150 ml de caldo de pollo
3 cucharadas de salsa de soja y 3 de tahini

Caliente un wok, agregue 2 cucharadas de aceite de oliva y remuévalo para engrasar el interior. Añada la zanahoria y el chile, y sofríalos durante 2-3 minutos. Trasládelos a un cuenco. Sofría las semillas de soja durante 1 minuto y trasládelas a un cuenco. Agregue el pepino al cuenco con las semillas de soja. Caliente el resto del aceite en el wok y añada el pollo. Sofríalo durante 2-3 minutos, en 2 veces, hasta que adquiera un color blanco y haya desprendido todo su jugo. Traslade el pollo a un cuenco limpio. Suba el fuego, añada el jengibre y el ajo, y sofría durante 1 minuto. Agregue las cebollitas y sofríalas durante 1 minuto. Incorpore el resto de los ingredientes y cuézalos hasta que la salsa esté espesa y suave.

Vierta la mitad de la salsa sobre las pechugas de pollo y la otra mitad sobre la mezcla de zanahoria. Remueva bien ambas mezclas. Distribuya la mezcla de pollo entre 6 platos de servir, colocándola en el centro, y disponga alrededor la mezcla de verdura. Sirva con arroz o tallarines chinos para acompañar.

Para 6 personas

── POLLO AL ESTILO MARROQUÍ ──

1,35 kg de pollo, cortado en 8 porciones
4 cucharadas de aceite de oliva
la ralladura y el zumo de 1 limón
1 cucharadita de canela, 1 de jengibre y 1 de
    comino molidos
$^1/_2$ cucharadita de sal
1 cebolla, picada
3-4 dientes de ajo, machacados
1 pimiento rojo, a daditos
1 tomate, pelado, despepitado y triturado
250 ml de caldo de pollo o agua
16 ciruelas pasas deshuesadas
50 ml de miel
1 limón grande, a rodajas finas
almendras tostadas y perejil fresco picado

En una fuente de hornear, mezcle el pollo con 2 cucharadas de aceite, la ralladura y el zumo de limón, la canela, el jengibre, el comino y la sal. Remueva bien para que el pollo quede bien untado. Cubra la fuente y reserve el pollo en el refrigerador durante 4-6 horas o hasta el día siguiente. Caliente un wok. Agregue 1 cucharada de aceite para engrasar su interior. Disponga las porciones de pollo en el wok, de modo que formen una sola capa, y sofríalas durante 6-8 minutos, hasta que estén doradas. Limpie la fuente de hornear y ponga en ella las porciones de pollo ya cocidas.

Vierta el resto del aceite en el wok y añada la cebolla, el ajo y el pimiento. Sofríalos durante 2-3 minutos. Incorpore el tomate y el caldo, y, sin dejar de remover, lleve la mezcla a ebullición. De nuevo, ponga el pollo en el wok y remuévalo junto con la salsa. Cuézalo a fuego lento, durante 35-40 minutos, hasta que esté tierno. Tras 20 minutos de cocción, agregue las ciruelas, la miel y las rodajas de limón. Disponga el pollo en una fuente de servir, rocíelo con la salsa y espolvoréelo con las almendras tostadas y el perejil. Puede servirlo con cuscús.

Para 4 personas

ALAS DE POLLO PICANTES

3 cucharadas de salsa de soja
1 cucharada de jerez seco
1 kg de alas de pollo, sin los extremos y
    partidas por la mitad (por la coyuntura)
1 cucharada de aceite vegetal
2,5 cm de raíz fresca de jengibre, pelada y
    picada fina
2 dientes de ajo, machacados
3 cucharadas de judías negras, a trocitos
125 ml de caldo de pollo
1 cucharadita de salsa de chile china
4-6 cebollitas, a rodajas finas
200 g de judías verdes finas, en segmentos
    de 5 cm
2 cucharadas de cacahuetes picados y hojas
    de perejil fresco, para decorar

En una fuente de hornear, mezcle la salsa de
soja junto con el jerez seco y las alas de pollo.
Remueva bien todos los ingredientes, cubra la
fuente y deje reposar la mezcla durante 1 hora.
Caliente un wok. Agregue el aceite vegetal y
remuévalo para engrasar con él el interior del
wok. Añada el jengibre y el ajo, y sofría ambos ingredientes durante 1 minuto. Incorpore
las alas de pollo (hágalo en varias veces, si es
necesario) y sofríalas durante 3-5 minutos, hasta que estén doradas. Agregue las judías negras,
el caldo y las salsas de soja y de chile. Si ha fre-
ído el pollo en varias veces, ponga todas las
alas de nuevo en el wok.

Lleve la mezcla a ebullición, reduzca el fuego
y cuézala durante 4-6 minutos, removiendo
con frecuencia. Agregue las cebollitas y las judías verdes, y cueza la mezcla durante 2-3 minutos, hasta que el pollo esté tierno y jugoso.
Antes de servir, espolvoree el pollo con unos
cacahuetes picados y decórelo con unas hojas
de perejil fresco.

Para 4-6 personas

— ALAS DE POLLO CON MANDARINA —

1 cebolla, a rodajas finas
2,5 cm de raíz fresca de jengibre, pelada y a
    rodajas finas
1 cucharadita de sal marina
4 cucharadas de jerez seco
4 cucharadas de salsa de soja
16 alas de pollo, con los extremos recortados
1 mandarina grande
70 ml de aceite vegetal
2 chiles frescos, sin semillas y picados
4 cebollitas, a rodajas finas
2 cucharaditas de azucar
3 cucharaditas de vinagre
1 cucharadita de aceite de sésamo
ramitas de perejil fresco, para decorar

En una fuente de hornear, mezcle la cebolla
con el jengibre, la sal, 1 cucharada de jerez o
vino de arroz y 1 cucharada de salsa de soja.
Agregue las alas de pollo y embadúrnelas bien.
Deje reposar el pollo durante 30 minutos. Pele
la mandarina y corte la pulpa en rodajas finas.
Exprima 2-3 cucharadas de zumo de mandarina y resérvelo. Caliente el aceite en un wok
y engrase su interior. Saque el pollo del escabeche, desprenda aquellos trocitos de cebolla
o jengibre que se hayan pegado a la carne y de-
vuélvalos a la salsa. Coloque las alas en el wok.
Sofríalas durante 3-4 minutos, hasta que estén
doradas. Seque el pollo con papel de cocina.

Retire el aceite del wok, dejando tan solo una
cucharada. Sofría los chiles, las cebollitas y la
mandarina durante 30-40 segundos. Vierta el escabeche reservado en el wok. Añada el azúcar,
el vinagre, el resto del jerez, la salsa de soja
y el zumo de mandarina. Agregue el pollo a la
salsa y remueva. Cueza la mezcla durante un
minuto, hasta que el pollo esté bien caliente.
Rocíe el pollo con aceite de sésamo y decórelo
con unas ramitas de perejil. Sirva junto con tallarines chinos aderezados con aceite y semillas de sésamo, si lo desea.

Para 4 personas

—— POLLO AL ESTILO BOMBAY ——

2 cucharadas de aceite vegetal
2,5 cm de raíz fresca de jengibre, pelada y
    picada fina
2 dientes de ajo, machacados
1 chile fresco, sin semillas y picado
750 g de muslos de pollo, pelados,
    deshuesados y a pedacitos
1 cebolla, cortada a pedacitos
2 cucharaditas de pasta de curry
400 g de tomate triturado
1 cucharadita de perejil picado
la ralladura y el zumo de $\frac{1}{2}$ limón
2 hojas de laurel
pimienta negra molida
150 ml de leche de coco sin azúcar
hojas de perejil fresco o de limón, para
    decorar

Caliente un wok. Agregue el aceite y remuévalo para engrasar con él el interior del wok.
Añada el jengibre, el ajo y el chile, y sofría la
mezcla durante 1 minuto, hasta que esté fragante. Incorpore el pollo troceado y sofríalo
durante 3-4 minutos, hasta que empiece a dorarse. Agregue la cebolla y la pasta de curry,
y remueva todos los ingredientes, hasta que los
muslos de pollo queden bien impregnados de
salsa. Incorpore el tomate y su jugo, las hojas
de laurel y la pimienta negra. Lleve la mezcla
a ebullición y cuézala durante 3-4 minutos,
hasta que la salsa tome consistencia.

Vierta la leche de coco en el wok y reduzca el
fuego. Cueza la mezcla a fuego lento durante
5-6 minutos, hasta que la salsa vuelva a espesarse y el pollo esté tierno. Deseche las hojas
de laurel. Decore con unas hojas de perejil o
limón y sirva con arroz para acompañar.

Para 4 personas

——— HÍGADOS DE POLLO SZECHUAN ———

25 g de champiñones chinos secos ó 125 g de champiñones frescos, cuarteados
1 cucharadita de pimienta en grano
2 cucharadas de aceite vegetal
500 g de higados de pollo, por la mitad
2,5 cm de raíz fresca de jengibre, pelada y picada fina
2 dientes de ajo, machacados
4-6 cebollitas, a rodajas finas
2 cucharaditas de Maizena, disuelta en 2 cucharadas de agua
2 cucharadas de salsa de soja
2 cucharadas de jerez seco o vino de arroz
$\frac{1}{2}$ cucharadita de azúcar
cebollitas, para decorar

Si utiliza champiñones secos, póngalos en un cuenco con agua caliente durante 20-25 minutos. Retírelos del cuenco con una espumadera y reserve el líquido. Exprima el agua de los champiñones. Corte y deseche los tallos. Caliente un wok. Agregue la pimienta Szechuan y fríala sin aceite durante 2-3 minutos, hasta que esté muy fragante. A continuación, vierta la pimienta en un cuenco y déjela enfriar. Una vez fría, machaque la pimienta y muélala con un molinillo para especias. Reserve.

Caliente el wok y agregue aceite para engrasar su interior. Seque los hígados con papel de cocina absorbente y sofríalos durante 2-3 minutos. Añada el jengibre, el ajo, los champiñones y las cebollitas. Sofría la mezcla durante 2 minutos, hasta que los hígados estén dorados. Disuelva la Maizena con 2 cucharadas del líquido de los champiñones ó 2 cucharadas de agua (si utiliza champiñones frescos) y vierta la mezcla en el wok, junto con la salsa de soja, el vino o jerez, la pimienta y el azúcar. Remueva la mezcla hasta que tome consistencia. Decore con unas cebollitas y sirva con arroz para acompañar.

Para 4 personas

HÍGADOS DE POLLO AL ESTILO JAPONÉS

5 cucharadas de salsa de soja
2 cucharadas de mirin o de jerez seco
   mezclado con $^1/_2$ cucharadita de azúcar
500 g de higados de pollo, partidos por
   la mitad
2 cucharadas de aceite vegetal
1 pimiento verde, a daditos
4 cebollitas, a rodajas
1 diente de ajo, machacado
2,5 cm de raíz fresca de jengibre, pelada y
   picada fina
$^1/_2$ cucharadita de pimienta
2 cucharadas de azúcar
1 cucharadita de aceite de sésamo
tiritas delgadas de rábano, para decorar

En un cuenco poco hondo, mezcle 2 cucharadas de la salsa de soja, el mirin o jerez endulzado y los hígados de pollo. Deje reposar la mezcla durante 20-30 minutos, removiendo de vez en cuando. Caliente un wok, agregue el aceite y remuévalo para engrasar su interior. Con una espumadera, retire los hígados del escabeche y póngalos en el wok. Sofría los hígados durante 3-4 minutos, hasta que empiecen a dorarse. Añada el pimiento verde, las cebollitas, el ajo y el jengibre, y sofría la mezcla durante 1-2 minutos, hasta que los higados estén dorados por fuera pero rosados en el interior.

Incorpore la pimienta, el azúcar y el resto de la salsa de soja y remueva bien todos los ingredientes. Rocíe la mezcla con el aceite de sésamo, decore con unas tiritas de rábano y sirva inmediatamente.

Para 4 personas

PATO CON ESPINACAS

4 lonchas de bacon, a daditos
750 g de pechugas de pato, peladas, sin la
  grasa y a tiritas (al través)
250 g de champiñones, a rodajas
1 diente de ajo, machacado
1 cebolla, a rodajas finas
2 cucharadas de zumo de limón
sal y pimienta negra molida
5 cucharadas de aceite de oliva
500 g de hojas de espinaca
6 cucharaditas de vinagre de vino tinto
1 cucharadita de mostaza Dijon
2 cucharadas de piñones, tostados, para
  decorar

Ponga el bacon en un wok sin calentar. Caliéntelo a fuego medio, hasta que el bacon empiece a desprender la grasa. Sofría el bacon unos 2-3 minutos, hasta que esté crujiente. Traslade el bacon a un cuenco. Suba el fuego. Agregue el pato a la grasa del wok y sofríalo durante 3-5 minutos (hágalo en 2 veces, si es necesario), hasta que esté dorado y crujiente. Colóquelo en el cuenco junto con el bacon. Retire la grasa del wok, dejando tan solo una cucharada y añada los champiñones, el ajo, la cebolla y el zumo de limón. Sofría la mezcla unos 2 o 3 minutos, hasta que el líquido se haya evaporado. Traslade la mezcla al cuenco, sazónela y remueva bien. Seque el wok con un paño.

Vierta una cucharada de aceite de oliva en el wok para engrasar su interior. Sofría las espinacas durante 1 minuto. Distribuya las espinacas entre 4 platos de servir. Vierta el resto del aceite en el wok, añada el vinagre y la mostaza, y remueva hasta obtener una salsa homogénea. Viértala sobre la mezcla de pato y remueva bien. Distribuya la mezcla de pato entre los 4 platos de servir, disponiéndola sobre las espinacas y espolvoréela con unos piñones tostados. Sirva con unas patatas salteadas.

Para 4 personas

PATO EN SALSA DE JENGIBRE

3 cucharadas de aceite de oliva
1 cebolla, picada, y 5-6 dientes de ajo
5 cm de raíz fresca de jengibre, pelada y a
    rodajas
1 cucharada de harina
125 ml de vino tinto
250 ml de vino de Oporto
3-4 ramitas de tomillo y 3-4 ramitas de romero
2 hojas de laurel
1 cucharada de granos de pimienta negra
700 ml de caldo de ternera, pato o pollo
750 g de pechugas de pato, peladas, sin la
    grasa y a tiritas (al través)
500 g de champiñones shiitake, a rodajas
75 g de pasas
6 cebollitas, en segmentos de 5 cm
500 g de pappardelle o tallarines al huevo

Engrase un wok con 2 cucharadas de aceite.
Sofría la cebolla, el ajo y el jengibre unos 2 o
3 minutos. Incorpore la harina y remuévala
hasta que se haya disuelto. Vierta el vino lentamente, removiendo hasta incorporarlo a la
salsa. Agregue el vino de Oporto, el tomillo, el
romero, las hojas de laurel, la pimienta y el caldo. Lleve a ebullición y retire la espuma que
se forme en la superficie. Cueza a fuego lento durante 15-20 minutos, removiendo, hasta
que la salsa adquiera consistencia y quede reducida a la mitad. Cuele la salsa.

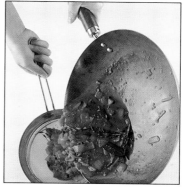

Seque el wok con un trapo, caliéntelo sin que
humee. Agregue el resto del aceite y engrase
con él su interior. Cueza las tiritas de pato durante 2-3 minutos, hasta que estén doradas.
Trasládelas a un cuenco. Ponga los champiñones en el wok, junto con las pasas y las cebollitas y sofría durante 2-3 minutos. Incorpore la
salsa y llévela a ebullición. Luego, agregue las
tiritas de pato. Cueza los pappardelle o tallarines, escúrralos y distribúyalos entre 4 platos de
servir. Remueva la pasta junto con una pequeña cantidad de salsa y vierta el resto encima.

Para 4 personas

— PATO CON HABAS Y REMOLACHA —

1 cucharada de aceite de oliva
2 pechugas de pato de 250 g cada una,
    deshuesadas, sin la grasa y con la piel
4 cebolletas, picadas finas
1 diente de ajo, a rodajas finas
350 g de champiñones
1 cucharada de harina
2 cucharadas de vino tinto de sabor afrutado
150 ml de caldo de pato o de pollo
250 g de habas
1 cucharada de gelatina de grosella roja
pimienta negra molida
1 cucharadita de Maizena
$1/2$ cucharadita de mostaza
la ralladura y el zumo de 1 naranja grande
500 g de remolachas, cocidas y peladas

Caliente un wok, agregue el aceite y engrase
su interior. Pele las pechugas de pato y practique 2 ó 3 cortes en la carne, en diagonal y de
1 cm de profundidad. Ponga las pechugas en
el wok y cuézalas a medio fuego durante 5-6
minutos. Trasládelas a un plato y manténgalas
calientes. Sofría las cebolletas y el ajo en el
wok durante un minuto. Añada los champiñones y sofría durante 2-3 minutos. Espolvoree
con la harina y remueva hasta que se haya disuelto. Incorpore el vino y el caldo, y lleve a
ebullición. A continuación, agregue las habas.

Cubra el wok y cueza la mezcla a fuego lento, durante 15-20 minutos, hasta que las habas
estén tiernas y la salsa se haya espesado. Incorpore la gelatina de grosella, remuévala con
el resto de los ingredientes y sazone la mezcla
con pimienta. Vierta la Maizena en un cazo y
mézclela con la mostaza en polvo, la ralladura
y el zumo de naranja y la remolacha. Llévela a
ebullición y, luego, cuézala a fuego lento durante 1 minuto, hasta que la salsa haya cuaja-
do y las remolachas estén calientes. Corte las
pechugas en rodajas finas, distribúyalas entre
4 platos y sirva con las habas y las remolachas.

Para 4 personas

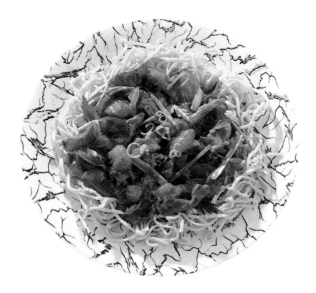

PATO CON CIRUELAS

2 cucharadas de aceite vegetal
750 g de pechugas de pato, peladas, sin la
   grasa y a tiritas (al través)
200 g de ciruelas, deshuesadas y a rodajas
   finas
50 ml de vino de Oporto
6 cucharaditas de vinagre
la ralladura y el zumo de 1 naranja
2 cucharadas de salsa china de ciruela o de
   pato
4 cebollitas, a tiritas
1 cucharada de salsa de soja
3-4 clavos de especia enteros
una varita pequeña de canela
perejil fresco y ralladura de naranja, para
   decorar

Caliente un wok, agregue el aceite y remuévalo
para engrasar su interior. Añada las tiritas de
pato y sofríalas durante 3-4 minutos, hasta que
estén doradas. Trasládelas a un cuenco. Incorpore las ciruelas, el vino de Oporto, la salsa de pato o ciruela, las cebollitas, la salsa de
soja, los clavos y la varita de canela. Lleve la
mezcla a ebullición y cuézala a fuego lento
durante 4-5 minutos, hasta que las ciruelas empiecen a estar tiernas.

De nuevo, ponga las tiritas de pato en el wok
y sofríalas durante 2 minutos, hasta que estén
bien calientes y la salsa se haya espesado.
Decore con perejil y ralladura de naranja, y
sirva con arroz o tallarines chinos espolvore-
ados con semillas de sésamo.

Para 4 personas

PAVO AL CHILE

750 g de muslos pequeños de pavo
2-3 cucharadas de aceite vegetal
1 cebolla, picada
4 dientes de ajo, machacados
1-2 chiles frescos, sin semillas y picados
4 cucharaditas de chile en polvo
1$^1/_2$ cucharaditas de comino molido
400 g de tomate pelado
1$^1/_2$ cucharaditas de azúcar moreno
sal
2 latas (de 425 g cada una) de judías enanas
1 yogur natural
perejil fresco picado, para decorar

Utilice un cuchillo pequeño y bien afilado para pelar los muslos de pavo. Deseche la piel. Corte la carne en lonchas, y, luego, corte éstas en trocitos pequeños. Caliente un wok, agregue 1 cucharada de aceite y remuévalo para engrasar su interior. Añada la mitad de la carne de pavo y sofríala durante 4-5 minutos, hasta que esté dorada. Traslade la carne ya cocida a un cuenco. Repita la misma operación con el resto de la carne, añadiendo, si es necesario, una pequeña cantidad de aceite. De nuevo, traslade la carne al cuenco. Vierta el resto del aceite en el wok, junto con la cebolla y el ajo. Sofría ambos ingredientes durante 3-4 minutos, hasta que la cebolla esté tierna. Incorpore el chile fresco y en polvo y el comino.

Vierta los tomates con su jugo en el wok, agregue el azúcar y sazone la mezcla con sal. Ponga después la carne de pavo y las judías en el wok. Lleve la mezcla a ebullición y reduzca el fuego. Cubra el wok y cueza a fuego lento durante 45-55 minutos. Destape el wok y cueza la mezcla durante 15 minutos más, hasta que la salsa se haya reducido y espesado. Compruebe el sabor y sazone la mezcla, si es necesario. Decore con yogur natural y perejil picado, y sirva con arroz.

Para 6-8 personas

PAVO A LA PIMIENTA VERDE

2 cucharadas de aceite de oliva
750 g de pechugas de pavo, deshuesadas
1 diente de ajo, machacado
4 cebollitas, a rodajas finas
1 cucharada de pimienta verde en grano
50 ml de brandy o de vino blanco
125 ml de nata líquida
$^{1}/_{2}$ cucharadita de sal
1 pera o manzana, partida por la mitad y a
    lo largo, sin el corazón y a rodajas finas
láminas de almendras tostadas y cebollinos
    frescos, para decorar

Caliente un wok, agregue el aceite y remuévalo para engrasar su interior. Coloque el pavo en el wok, en una sola capa (cuézalo en 2 veces, si es necesario).

Cueza el pavo durante 3-5 minutos, dándole la vuelta una vez. Traslade el pavo a una fuente de servir y manténgalo caliente. Ponga el ajo en el wok, junto con las cebollitas y los granos de pimienta, y sofría la mezcla durante 1 minuto, hasta que las cebollitas empiecen a estar tiernas. Incorpore el brandy o vino blanco y remuévalo para deshacer los restos sólidos depositados en el fondo del wok. Cueza la mezcla durante 1-2 minutos, hasta que la salsa se haya reducido ligeramente.

Añada la nata líquida y la sal, y lleve la mezcla a ebullición. Reduzca el fuego y agregue las rodajas de pera o manzana. Tape el wok y cueza la mezcla durante 1-2 minutos, hasta que la fruta esté bien caliente. Distribuya el pavo entre 4 platos de servir y cúbralo con las rodajas de fruta. Vierta la salsa sobre la fruta y espolvoréela con las almendras tostadas y los cebollinos. Sirva con tirabeques.

Para 4 personas

PAVO MARSALA

70 ml de Marsala dulce
3 cucharadas de pasas
25 g de mantequilla
4 puerros (sólo la parte blanca y verde pálido), partidos por la mitad (a lo largo) y a rodajas
250 ml de caldo de pollo
1 hoja de laurel
$\frac{1}{2}$ cucharadita de tomillo seco
$\frac{1}{2}$ cucharadita de salvia
600 g de pechugas de pavo, deshuesadas y a tiritas
la ralladura de 1 limón
2 cucharaditas de harina
2 cucharadas de nata líquida
hojas de salvia fresca y rodajas de limón, para decorar

En un cuenco, mezcle el Marsala con las pasas y deje reposar la mezcla durante 20 minutos. Caliente un wok, agregue 1 cucharada de mantequilla y remuévala para engrasar su interior. Añada los puerros y sofríalos durante un minuto. Incorpore 70 ml de caldo de pollo, la hoja de laurel, el tomillo y la salvia. Cubra el wok y cueza la mezcla durante 4-6 minutos, hasta que los puerros estén tiernos y el líquido se haya evaporado. Deseche la hoja de laurel. Vierta la mezcla en un cuenco, cúbralo y manténgala caliente. Seque el wok con un paño.

Ponga el resto de la mantequilla en el wok y remuévala para engrasar su interior. Incorpore el pavo y sofríalo durante 2 minutos. Traslade el pavo ya cocido a un plato. Cueza la ralladura de limón con la harina, durante 1 minuto. Añada el resto del caldo lentamente y lleve la mezcla a ebullición. Incorpore el Marsala, las pasas y la nata líquida, y cueza a fuego lento durante 2 minutos. Distribuya la mezcla de puerro entre 4 platos, disponga el pavo encima y aderécelo con la salsa. Decore con salvia y limón, y sirva con arroz.

Para 4 personas

PAVO CON SALSA DE CHILE

750 g de pechugas de pavo, deshuesadas y a
tiritas
3-4 cucharadas de harina sazonada
3-4 cucharadas de aceite vegetal
70 ml de caldo de pollo
2 cucharadas de vinagre de sidra
1/2 cucharadita de chile en polvo
2-3 tomates, pelados, triturados y tamizados
1 cebolla roja, picada fina
1 chile fresco, sin semillas y picado
1 manzana, sin el corazón y picada
2 cucharadas de perejil fresco picado
1 cucharada de nueces o cacahuetes picados

Espolvoree las tiritas de pavo con la harina sazonada.

Caliente un wok, agregue 2 cucharadas de
aceite y remuévalo para engrasar su interior.
Añada la mitad de la carne de pavo y sofríala
durante 1-2 minutos. Trasládela a un plato de
servir y manténgala caliente. Vierta 1-2 cucharadas de aceite en el wok y cueza el resto de
las tiritas de pavo del mismo modo. De nuevo, traslade la carne de pavo al plato de servir y manténgala caliente.

Vierta el caldo en el wok y remuévalo para
deshacer los restos sólidos que se hayan depositado en el fondo. Agregue el vinagre de sidra, el chile en polvo, el tomate, la cebolla, el
chile fresco y la manzana picada. Cueza la
mezcla durante 1-2 minutos, hasta que se haya
espesado. Coloque el pavo en el wok y remuévalo junto con la salsa, hasta que esté bien
untado. Espolvoree la mezcla con perejil y nueces o cacahuetes picados, y sirva con pasta.

Para 4 personas

—PAVO CON CREMA DE PIMENTÓN—

50 g de mantequilla
1 cebolla, picada fina
1 cucharadita de pimentón
250 ml de nata líquida
3 cucharaditas de mostaza Dijon
2 cucharadas de eneldo fresco picado
sal y pimienta negra molida
750 g de pechugas de pavo, deshuesadas y a
    tiritas al través de 2,5 cm
6 cucharadas de harina sazonada
2 cucharadas de aceite vegetal
250 g de tallarines o tallarines al huevo chinos
300 g de guisantes congelados
2 cucharaditas de carvi
ramitas de eneldo fresco, para decorar

Caliente un wok, agregue 1 cucharada de mantequilla y engrase su interior. Sofría la cebolla durante 7-8 minutos. Incorpore el pimentón y cuézalo durante 1 minuto. Añada la nata y hágala hervir durante 1-2 minutos, hasta que adquiera cierta consistencia. Agregue la mostaza y el eneldo picado, y sazone. Vierta la mezcla en un cuenco y manténgala caliente. Seque el wok con un paño. Espolvoree el pavo con la harina sazonada. Caliente el wok, agregue el aceite vegetal y 1 cucharada de mantequilla y remueva para engrasarlo. Añada las tiritas de pavo y sofríalas durante 2-3 minutos. Trasládelas a un plato y manténgalas calientes.

Cueza los tallarines y escúrralos bien. Caliente el wok y agregue el resto de mantequilla, los guisantes y el carvi. Sofría durante 2-3 minutos, hasta que los guisantes estén tiernos. Incorpore los tallarines y sazónelos. Vierta una cucharada de la salsa (antes reservada) en el wok y remuévala con los tallarines. Distribuya la pasta entre 4 platos de servir. Vierta el resto de la salsa y las tiritas de pavo en el wok, remueva y cuézalo durante 1 minuto. Con una cuchara, vierta el pavo y la salsa sobre los tallarines y decore con unas ramitas de eneldo.

Para 4 personas

PAVO CON BRÓCULI

1 cucharada de aceite vegetal
500 g de filetes de pavo, deshuesadas y
    a tiritas
1 cucharada de aceite de sésamo
500 g de bróculi, a trozos de 2,5 cm
4 cebollitas, en segmentos de 2,5 cm
2,5 cm de raíz fresca de jengibre, pelada y a
    tiritas
2 dientes de ajo, machacados
50 ml de jerez seco o vino de arroz
2 cucharadas de salsa de soja
2 cucharaditas de Maizena, disuelta en
    1 cucharada de agua
50 ml de caldo de pollo
225 g de castañas de agua, lavadas y a
    rodajas
perejil fresco, para decorar

Coloque un wok sobre el fuego y espere hasta que esté muy caliente, pero sin humear.
Agregue el aceite vegetal y remuévalo para
engrasar el interior del wok. Añada la carne de
pavo y sofríala durante 2-3 minutos, hasta que
empiece a dorarse. Trasládela a un cuenco.
Vierta el aceite de sésamo en el wok, añada el
bróculi y sofríalo durante 2 minutos. Agregue
las cebollitas, el jengibre y el ajo, y sofría la
mezcla durante 2-3 minutos, hasta que el bróculi esté tierno pero crujiente.

Vierta el jerez seco o el vino de arroz y la salsa de soja en el wok, y cueza la mezcla durante
2 minutos. Remueva la Maizena ya disuelta y,
luego, incorpórela al caldo de pollo. Vierta la
mezcla de Maizena y caldo de pollo en el wok.
Sofría la salsa durante 1 minuto, hasta que burbujee y tome consistencia. Agregue la carne de
pavo y la castaña de agua y remueva bien todos los ingredientes. Cueza la mezcla durante
1 minuto, hasta que el pavo esté caliente.
Decore con perejil y sirva con arroz blanco o
integral .

Para 4 personas

PAVO CON ALBARICOQUES

2 cucharadas de aceite de oliva
750 g de pechugas de pavo, deshuesadas
1/2 cucharadita de tomillo seco
sal y pimienta negra, molida
4 cebolletas, a rodajas finas
25 g de arándanos
50 g de orejones de albaricoque, picados
1 pimiento verde pequeño, a daditos
2 cucharadas de vinagre de sidra
50 ml de vino blanco seco o zumo de manzana
125 ml de caldo de pollo
1-2 cucharadas de mermelada de albaricoque
1 cucharada de miel
perejil fresco o tomillo picado, para decorar

Caliente un wok y agregue el aceite para engrasar su interior. Disponga los filetes de pavo en el fondo del wok y sobre los lados, de modo que formen una sola capa (cuézalos en 2 veces si es necesario). Espolvoree los filetes con el tomillo y sazónelos con sal y pimienta. Cueza los filetes durante 2-3 minutos, dándoles la vuelta una vez. Distribuya el pavo ya cocido entre 4 platos de servir y manténgalo caliente.

Disponga las cebolletas en el wok, junto con los arándanos, los albaricoques y el pimiento verde, y sofría la mezcla durante 1 minuto. Incorpore el vinagre, el vino blanco o el zumo de manzana, el caldo, la mermelada de albaricoque y la miel. Lleve la mezcla a ebullición y cuézala a fuego lento durante 3-4 minutos, hasta que la fruta esté tierna y la salsa se haya espesado ligeramente. Con una cuchara, vierta la salsa y la fruta sobre los filetes de pavo y decórelos con perejil o tomillo. Sirva con arroz integral.

Para 4 personas

—— BUEY AL SÉSAMO CON ESPECIAS ——

1 cucharada de Maizena
3 cucharadas de salsa de soja
500 g de filete de buey, a tiritas (al través)
350 g de bróculi
2 cucharadas de aceite de sésamo
2,5 cm de raíz fresca de jengibre, pelada y a tiritas
2 dientes de ajo, machacados
1 chile fresco, sin semillas y a rodajas finas
1 pimiento rojo, cortado a tiras
400 g de mazorquitas de maíz
125 ml de caldo de ternera o de pollo, o agua
4-6 cebollitas, en segmentos de 5 cm
semillas de sésamo tostadas, para decorar

En un cuenco, mezcle la Maizena junto con la salsa de soja. Agregue las tiritas de carne y engráselas bien con la mezcla anterior. Deje reposar durante 20 minutos. Corte los ramilletes de bróculi de mayor tamaño en ramilletes más pequeños. Pele el tallo de los ramilletes de bróculi y córtelos en rodajas diagonales de 2,5 cm. Caliente el wok y espere hasta que esté muy caliente. Agregue el aceite de sésamo y remuévalo para engrasar su interior. Añada la carne y su escabeche, y sofría ambos ingredientes durante 2-3 minutos, hasta que las tiritas de carne estén doradas.

Con una espumadera, traslade la carne a un cuenco. Ponga el jengibre en el wok, junto con el ajo y el chile, y sofría la mezcla durante 1 minuto. Agregue el bróculi, el pimiento rojo y las mazorquitas, y sofría todos los ingredientes durante 2-3 minutos, hasta que el bróculi esté tierno pero crujiente. Vierta el caldo en el wok y sofría la mezcla durante 1 minuto, hasta que la salsa burbujee y adquiera consistencia. Añada las cebollitas y las tiritas de carne, y sofría la mezcla durante 1-2 minutos, hasta que la carne esté bien caliente. Espolvoree la carne con unas semillas de sésamo y sirva junto con arroz o tallarines chinos.

Para 4 personas

FILETE TERIYAKI

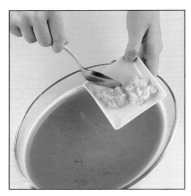

50 ml de mirin o de jerez seco endulzado
    con 1 cucharadita de azúcar
50 ml de salsa de soja
1 cm de raíz fresca de jengibre, pelada y
    picada
1 diente de ajo, machacado
1 cucharadita de azúcar
4 filetes de buey, a tiritas
2 cucharadas de aceite de sésamo
4 cebollitas, a rodajas finas
hojas de perejil fresco, para decorar

En una fuente de hornear poco honda, mezcle el mirin o jerez endulzado junto con la salsa de soja, el jengibre, el ajo y el azúcar.

Ponga las tiritas de carne en el cuenco y remuévalas junto con la salsa, hasta que estén bien impregnadas. Deje reposar la mezcla durante 1 hora, removiéndola 1 ó 2 veces.

Coloque el wok sobre el fuego y espere hasta que esté bien caliente. Agregue el aceite de sésamo y remuévalo para engrasar el interior del wok. Escurra la carne (reservando el escabeche), póngala en el wok y sofríala durante 2-3 minutos, hasta que esté dorada. Vierta el escabeche reservado sobre la carne y agregue las cebollitas. Cueza la mezcla durante 3 a 5 minutos, hasta que la carne esté cocida al gusto y la mayor parte del escabeche se haya evaporado e impregnado la carne. Decore con unas hojas de perejil y sirva junto con pepino escabechado o una ensalada de mooli, y arroz.

Para 4 personas

—— BUEY AL CHILE CON PIMIENTO ——

1 cucharada de Maizena
50 ml de salsa de soja
1 cucharada de miel o azúcar moreno
1 cucharadita de salsa de chile china
2 cucharadas de aceite vegetal
500 g de filete de buey, a tiritas (al través)
1 cucharada de aceite de sésamo
2 dientes de ajo, machacados
1 chile, sin semillas y a rodajas finas
1 cebolla, a rodajas finas
1 pimiento rojo, a tiritas
1 pimiento verde, a tiritas
1 pimiento amarillo, a tiritas (opcional)

Llene un cuenco pequeño con 50 ml de agua
y disuelva en él la Maizena. Agregue la salsa
de soja, la miel o el azúcar y la salsa de chile.
Remueva todos los ingredientes hasta que estén bien combinados y reserve. Coloque un
wok sobre el fuego y espere hasta que esté
muy caliente. Agregue el aceite vegetal y remuévalo para engrasar el interior del wok.
Añada las tiritas de carne y sofríalas durante 2
a 3 minutos, hasta que estén doradas. Utilice
una espumadera para trasladar la carne a un
cuenco.

Vierta el aceite de sésamo en el wok y agregue el ajo y el chile. Sofría la mezcla durante
1 minuto, hasta que esté fragante. Añada la
cebolla y las tiritas de pimiento, y sofría todos
los ingredientes durante 2-3 minutos, hasta
que empiecen a estar tiernos. Remueva la mezcla de Maizena y viértala en el wok. Remueva
la salsa hasta que empiece a burbujear y tome
consistencia. A continuación, ponga la carne en
el wok , junto con el jugo desprendido y sofríala durante 1 minuto, hasta que esté bien
caliente. Sirva con arroz.

Para 4 personas

── BUEY CON SALSA DE OSTRAS ──

3 cucharaditas de Maizena
1¹/₂ cucharaditas de salsa de soja
1¹/₂ cucharaditas de vino de arroz o jerez seco
500 g de filete de buey, a tiritas (al través)
2 cucharadas de aceite de sésamo
1 cm de raíz fresca de jengibre, pelada y
  picada
2 dientes de ajo, machacados
4 tallos de apio, a rodajas
1 pimiento rojo, a rodajas
125 g de champiñones, a rodajas
4 cebollitas, a rodajas
2 cucharadas de salsa de ostras
125 ml de caldo de pollo o de agua

En un cuenco, mezcle 2 cucharaditas de Maizena con la salsa de soja y el vino de arroz o
jerez. Agregue las tiritas de carne y remuévalas junto con la mezcla anterior, hasta que estén bien bañadas. Deje reposar durante 25 minutos. Coloque un wok sobre el fuego y espere
hasta que esté muy caliente. Agregue el aceite y remuévalo para untar el interior del wok.
Ponga la carne en el wok y sofríala durante 2
a 3 minutos, hasta que esté dorada. Utilice una
espumadera para trasladar la carne cocida a
un cuenco. Incorpore el jengibre y el ajo al
aceite que ha quedado en el wok, y sofría ambos ingredientes durante 1 minuto. Agregue
el apio, el pimiento rojo, los champiñones y las
cebollitas, y sofría todos los ingredientes durante 2-3 minutos, hasta que la verdura empiece a estar tierna.

Vierta la salsa de ostras en el wok. Mezcle el
resto de la Maizena con el caldo o agua y, luego, viértala en el wok. Lleve la mezcla a ebullición. Agregue la carne reservada y remuévala
junto con la verdura, durante 1 minuto, hasta
que la salsa burbujee y tome consistencia y la
carne esté bien caliente. Sirva con arroz blanco o integral.

Para 4 personas

——TIRITAS DE BUEY FRITAS EN SECO——

2 cucharadas de aceite de sésamo
500 g de filete de buey, a tiritas finas (al
   través)
2 cucharadas de vino de arroz o jerez seco
1 cucharada de salsa de soja
2 dientes de ajo, machacados
1 cm de raíz fresca de jengibre, pelada y
   picada
1 cucharada de salsa china de judías al chile
2 cucharaditas de azúcar
1 zanahoria, pelada y a tiritas
2 tallos de apio, a tiritas
2-3 cebollitas, a rodajas finas
$^1/_4$ cucharadita de pimienta Szechuan molida
tiritas de pepino, para decorar

Coloque un wok sobre el fuego y espere hasta que esté muy caliente. Agregue el aceite y remuévalo para engrasar el interior del wok. Incorpore las tiritas de carne y sofríalas durante 15 segundos. Añada 1 cucharada de vino de arroz o de jerez y sofría la mezcla durante 1-2 minutos, hasta que la carne esté dorada. Vacíe líquido del wok, resérvelo y prosiga sofriendo la carne, hasta que esté seca.

Vierta la salsa de soja en el wok, junto con el ajo, el jenjibre, la salsa china de judías, el azúcar, el resto de vino de arroz o jerez y el jugo de la cocción antes reservado. Remueva todos los ingredientes para mezclarlos bien. A continuación, añada la zanahoria, el apio, las cebollitas y la pimienta Szechuan, y sofría la mezcla hasta que la verdura empiece a estar tierna y todo el jugo haya sido absorbido. Decore con unas tiritas de pepino y sirva con arroz blanco o integral.

Para 4 personas

BUEY CON TALLARINES

50 ml de vino de arroz o de jerez seco
2 cucharadas de salsa de soja
2 dientes de ajo, machacados
2,5 cm de raíz fresca de jengibre, pelada y
   picada
$\frac{1}{2}$ cucharadita de chiles secos, machacados
500 g de filete de buey de 2,5 cm de grosor, a
   tiritas de 1 cm (al través)
400 g de tallarines chinos o espaguetis
1 cucharada de aceite de sésamo
125 g de tirabeques
4-6 cebollitas, en segmentos de 5 cm
2 cucharaditas de Maizena, disuelta en 50 ml
   de agua
2 cucharadas de perejil fresco picado
hojas de perejil fresco y rodajas de limón

En una fuente de hornear, mezcle el vino o jerez junto con la salsa de soja, el ajo, el jengibre y los chiles. Agregue la carne, cubra la fuente y reserve durante 30 minutos, removiendo una vez. Cueza la pasta siguiendo las instrucciones del paquete. Escúrrala y resérvela. Caliente un wok sobre el fuego, vierta el aceite de sésamo y engrase su interior. Extraiga la carne del escabeche y desprenda los trocitos de jengibre o ajo adheridos a la misma. Reserve el escabeche. Seque las tiritas de carne con papel de cocina absorbente. Coloque la carne en el wok y sofríala durante 4-5 minutos, hasta que esté dorada. Traslade la carne a un cuenco y manténgala caliente.

Agregue los tirabeques y las cebollitas, al aceite que haya quedado en el wok, y sofría ambos ingredientes durante 1 minuto. Remueva la mezcla de Maizena y, luego, viértala en el wok, junto con el escabeche reservado. Lleve la mezcla a ebullicion y, luego, agregue los tallarines o espaguetis, la carne y el perejil picado. Remueva bien todos los ingredientes y distribuya la mezcla entre 4 platos. Decore con unas hojas de perejil y unas rodajas de limón.

Para 4 personas

BUEY STROGANOFF

2 cucharadas de aceite de oliva
1 kg de filete de buey, a tiritas de 1 cm (al
    través)
30 g de mantequilla
1 cebolla, a rodajas finas
250 g de champiñones, a rodajas finas
sal y pimienta negra molida
1 cucharada de harina
125 g de caldo de buey o ternera
1 cucharada de mostaza Dijon (opcional)
250 ml de nata líquida
1 pellizco de pimienta negra
ramitas de eneldo, para decorar

Caliente un wok sobre el fuego. Vierta el aceite en el wok y remuévalo para engrasar su interior. Añada la mitad de las tiritas de carne.

Sofría la carne durante 1 minuto, hasta que
esté dorada pero aún algo cruda. Traslade la
carne a un cuenco. Vuelva a calentar el wok
y agregue el resto de la carne. Sofríala durante 1 minuto y, luego, vierta la carne y su jugo
en el cuenco. Ponga la mantequilla en el wok
y añada la cebolla. Reduzca el fuego y sofría
la cebolla durante 3-4 minutos, hasta que esté
tierna y empiece a dorarse. Incorpore los champiñones. Suba el fuego y sofría la mezcla durante 2 minutos, hasta que ambos ingredientes
estén tiernos y dorados. Sazone con sal y pimienta, agregue la harina y remueva hasta in-
corporarla al resto de los ingredientes.

Vierta el caldo en el wok y hágalo hervir a
fuego lento durante 1 minuto, hasta que la salsa adquiera consistencia. Añada la mostaza (si
la utiliza) y remuévala junto con el resto de
los ingredientes. Vierta la nata gradualmente sin
dejar que hierva. Ponga la carne (con su jugo)
en el wok y cuézala a fuego lento durante 1 minuto, hasta que esté caliente. Espolvoree la
mezcla con un pellizco de pimienta y decore
con ramitas de eneldo. Sirva con arroz.

Para 4 personas

BUEY CON JUDÍAS

500 g de carne de buey picada
1 cebolla, picada
3-4 dientes de ajo, machacados
1 pimiento verde o rojo, a daditos
100 g de chiles verdes en conserva,
    escurridos y picados
500 g de judías rojas enanas cocidas
400 g de granos de maíz cocidos
6 cucharaditas de chile en polvo (al gusto)
2 cucharaditas de comino molido
1 cucharadita de orégano seco
800 g de tomates pelados
sal y pimienta negra molida
3 cucharadas de perejil fresco picado
125 g de queso Manchego seco rallado
perejil fresco picado, para decorar

Caliente la carne picada en un wok, hasta que empiece a desprender jugo. Suba el fuego y remueva la carne, desmenuzándola con una cuchara. Sofríala durante 5-6 minutos, hasta que esté dorada. Agregue la cebolla, el ajo, el pimiento verde o rojo, el chile picado, las judías enanas y el maíz, y lleve la mezcla a ebullición.

Incorpore el chile en polvo, el comino, el orégano y los tomates pelados. Remueva todos los ingredientes, desmenuzando el tomate con una cuchara. Sazone con sal y pimienta y reduzca el fuego. Tape el wok y cueza la mezcla durante 20-30 minutos, hasta que se haya espesado ligeramente. Aparte el wok del fuego y agregue el perejil y la mitad del queso. Antes de servir, espolvoree la mezcla con el resto del queso y decórela con perejil picado.

Para 6-8 personas

ENSALADA DE CARNE ITALIANA

1 escarola pequeña u otra verdura de hojas amargas, lavada y bien escurrida

2-3 cucharadas de aceite de oliva

500 g de filete de ternera, congelado durante 20 minutos y luego cortado en tiritas muy finas

8 filetes de anchoa (segmentados, si son grandes)

50 g de queso parmesano, en un trozo

2-4 cucharadas de zumo de limón

1 cucharada de alcaparras, enjuagadas y escurridas

sal y pimienta negra, molida

hierbas de especia frescas, picadas, para decorar

Distribuya las hojas de escarola entre 4 platos grandes y reserve. Coloque un wok sobre el fuego. Vierta 1 cucharada de aceite de oliva en el wok y agregue varias tiritas de carne. Fría la carne durante 5-8 segundos, hasta que empiece a cambiar de color y dándole la vuelta a medio tiempo. La carne debe estar muy poco hecha. Ponga la carne en uno de los platos, sobre las hojas de escarola. Prosiga cociendo las tiritas de carne en varias veces, añadiendo aceite, si es necesario, y distribuyéndolas entre el resto de los platos.

Disponga varios filetes de anchoa sobre las tiritas de carne. Con un pelador de verdura, de hoja giratoria, corte unas virutas de queso parmesano, directamente sobre la carne. Rocíe las ensaladas con un poco de zumo de limón y espolvoréelas con las alcaparras. Sazone con sal y pimienta, y decore con unas hierbas de especia.

Para 4 personas

TERNERA CON PIÑONES

250 g de bistecs de ternera
3 cucharadas de harina
sal y pimienta negra molida
2 lonchas de bacon, a daditos
50 g de mantequilla
2 cucharadas de piñones
125 ml de vino blanco seco
1 cucharada de alcaparras, escurridas
2 cucharaditas de hojas de salvia fresca,
    desmenuzadas
hojas de salvia fresca, para decorar

Coloque los bistecs entre dos láminas de papel apergaminado y, con un rodillo, aplánelos hasta que su grosor sea de 0,5 cm. A continuación, corte la ternera en tiritas.

En una fuente, mezcle la harina con la sal y la pimienta. Espolvoree las tiritas de carne con un poco de harina y sacuda el exceso. Ponga el bacon en un wok frío y caliéntelo a fuego medio, hasta que se empiece a cocer y derretir. Suba el fuego y sofría el bacon durante 1-2 minutos, hasta que esté crujiente. Trasládelo a un cuenco. Agregue 1 cucharadita de mantequilla, a la pringue que haya quedado en el wok para engrasar su interior. Incorpore los piñones y sofríalos durante 1 minuto, hasta que estén dorados. Trasládelos a un cuenco.

Ponga 1 cucharada de mantequilla en el wok, y sofría las tiritas de carne durante 2-3 minutos. Distribuya la carne entre 2 platos de servir y manténgala caliente. Vierta el vino en el wok, remuévalo para deshacer los sedimentos depositados en el fondo y déjelo hervir durante 1-2 minutos, hasta que la salsa se haya reducido a la mitad. Incorpore el resto de la mantequilla. Agregue las alcaparras, el bacon, los piñones y la salvia desmenuzada, y remueva bien. Sazone la mezcla con pimienta y viértala sobre la carne. Decore los platos con hojas de salvia y sirva con orzo o tallarines.

Para 2 personas

— TERNERA CON CREMA DE MOSTAZA —

3 cucharadas de harina
sal y pimenta negra molida
250 g de bistec de ternera
1 cucharada de aceite vegetal
15 g de mantequilla
2-3 chalotes, a rodajas finas
50 ml de vino blanco seco
125 ml de nata líquida
2 cucharadas de mostaza Dijon
2 cucharadas de hojas de salvia fresca o
    ramitas pequeñas de eneldo (reservar
    varias para decorar)

En una fuente, mezcle la harina junto con la sal y la pimienta.

Disponga los bistecs entre dos láminas de papel apergaminado y utilice un rodillo para aplanarlos hasta que su grosor sea de 0,5 cm. Corte los bistecs en tiritas. Reboce la carne con la mezcla de harina y sacúdala para desprender el exceso de harina.
Coloque un wok sobre el fuego. Unte su interior con el aceite. Agregue la mantequilla y remueva. Incorpore la carne y sofríala durante 2-3 minutos, hasta que esté dorada. Distribuya la carne entre 2 platos de servir y manténgala caliente.

Sofría los chalotes en el aceite que haya quedado en el wok, durante 2-3 minutos, hasta que estén tiernas. Vierta el vino blanco, remuévalo para deshacer el sedimento depositado en el fondo y llévelo a ebullición. Déjelo hervir durante 1-2 minutos, hasta que quede reducido a la mitad. Incorpore la nata líquida y lleve la mezcla a ebullición. Cueza la salsa durante 1 minuto, hasta que adquiera cierta consistencia. Agregue la mostaza y la salvia o el eneldo. Vierta la salsa sobre la carne y decore con las hierbas de especia reservadas. Sirva con tallarines o patatas salteadas y ensalada.

Para 2 personas

— HÍGADO DE TERNERA CON BACON —

4 lonchas de bacon, a tiritas
1 cebolla, a rodajas finas y longitudinales
 («pétalos»)
1 manzana verde, sin el corazón y a rodajas
 finas
sal y pimienta negra molida
1 cucharada de aceite vegetal
400 g de hígado de ternera, a tiritas
6 cucharaditas de vinagre
50 ml de vino blanco seco o zumo de
 manzana
2 cucharaditas de Maizena disuelta en
 50 ml de caldo de pollo o agua
1/2 cucharadita de tomillo seco
ramitas de tomillo o gajos de limón, para
 decorar

Ponga el bacon en un wok y caliéntelo a medio fuego, hasta que empiece a estar cocido.

Suba el fuego y sofría el bacon durante 1 a 2 minutos. Trasládelo a un cuenco. Agregue la cebolla a la pringue que ha quedado en el wok, y sofríala durante 1-2 minutos. Sofría las rodajas de manzana durante 1-2 minutos más, hasta que empiece a estar tierna. Sazone la mezcla con sal y pimienta, y trasládela a un cuenco. Vierta el aceite en el wok y aumente el fuego. Sofría las tiritas de hígado durante 1-2 minutos, justo hasta que hayan cambiado de color, conservando su color rosado en el interior. Traslade el hígado al cuenco.

Vierta el vinagre en el wok y remuévalo para deshacer el sedimento depositado en el fondo. Incorpore el vino blanco o el zumo de manzana. Remueva la mezcla de Maizena y viértala en el wok, junto con el tomillo. Añada el bacon, la cebolla, la manzana y el hígado, y cuézalos durante 1 minuto, hasta que la salsa burbujee. Decore con ramitas de tomillo o gajos de limón, y sírvalo con puré de patatas o patatas salteadas.

Para 2 personas

— CORDERO AL CHILE CON TOMATE —

1 cucharada de aceite de oliva
4 filetes de pierna de cordero ó 4 chuletas de
    cordero, de unos 175 g de peso y 1 cm de
    grosor
2 dientes de ajo, picados
1 chile, sin semillas y picado
1 pimiento verde, a daditos
1 calabacín, a rodajas
300 g de tomates cherry
2 cucharadas de salsa pesto
ramitas de albahaca fresca, para decorar

Coloque un wok sobre el fuego y espere hasta que esté muy caliente. Vierta el aceite de oliva en el wok y remuévalo para engrasar su interior.

Agregue los filetes o chuletas de cordero y reduzca el fuego ligeramente. Cueza la carne durante 3-5 minutos, dándole la vuelta una vez y hasta que esté dorada por ambos lados (el interior de la carne debería conservar su color rosado). Reserve la carne y manténgala caliente. Retire el aceite del wok, dejando tan solo 1 cucharada. Agregue el ajo, el chile y el pimiento, y sofría la mezcla durante 1 minuto.

Añada el calabacín, los tomates cherry y la salsa pesto, y sofría la verdura durante 3-4 minutos, hasta que esté tierna pero crujiente. Con una cuchara, aparte la verdura hacia un lado y agregue la carne. Cubra la carne con la verdura y cueza la mezcla durante 1 minuto, hasta que la carne esté bien caliente y el aroma de ambos ingredientes se haya mezclado. Sirva 1 ó 2 filetes por persona y decore con unas ramitas de albahaca.

Para 2 personas

CORDERO CON ESPINACAS

3 cucharadas de salsa de soja
4 cucharadita de polvo de cinco especias
2,5 cm de raíz fresca de jengibre, pelada y en
    tiritas
2 dientes de ajo, machacados
750 g de filete de cordero, en tiritas finas al
    través
1 cucharadas de aceite de sésamo
1 chile rojo fresco, sin semillas y a rodajas
    finas
8 cebollitas, en segmentos de 5 cm
1 mango, pelado y a trozos de 1 cm de grosor
200 g de hojas frescas de espinacas,
    enjuagadas y escurridas
3 cucharadas de jerez seco o vino de arroz
1 cucharadita de Maizena disuelta en
    1 cucharada de agua

En una fuente, mezcle la salsa de soja junto con el polvo de cinco especias, el jengibre y el ajo. Agregue las tiritas de cordero y remueva bien. Cubra la fuente y deje reposar durante 1 hora, removiéndola de vez en cuando. Vierta el aceite de sésamo en un wok caliente para engrasar su interior. Saque la carne de la fuente, escurriendo y reservando tanta cantidad de escabeche como le sea posible. Ponga la carne en el wok y sofríala 2-3 minutos, hasta que esté bien dorada (hágalo en 2 veces). Traslade la carne a un cuenco. Agregue el chile, al aceite que ha quedado en el wok, y sofríalo durante 1 minuto.

Añada las cebollitas y el mango, y sofría ambos ingredientes durante 1 minuto. Incorpore las espinacas, la carne reservada, el jerez seco o vino de arroz y el escabeche. Remueva la mezcla de Maizena y viértala en el wok, mezclándola con el resto de ingredientes. Sofría la mezcla durante 1 minuto, removiendo hasta que la carne y las espinacas estén ligeramente bañadas de salsa. Sirva con patatas o tallarines chinos.

Para 4 personas

CORDERO A LA NARANJA

1 cucharada de aceite vegetal
750 g de carne magra de cordero, en tiritas de
    1 cm
150 ml de vino blanco seco
150 ml de zumo de naranja
1 cucharadita de perejil picado
1/2 cucharadita de mostaza
sal y pimienta negra molida
3 cucharaditas de Maizena disuelta en
    2 cucharadas de agua
1 naranja grande, con la corteza cortada en
    tiritas finas y la pulpa dividida en
    segmentos

Caliente un wok sobre el fuego. Vierta el aceite vegetal en el wok y remuévalo para untar su interior.

Agregue las tiritas de carne y sofríala durante 4-5 minutos. Traslade la carne a un cuenco y manténgala caliente. Vacíe la grasa que haya quedado en el wok, añada el vino y remuévalo para disolver los residuos de la coccion. Incorpore el zumo de la naranja, el perejil, la mostaza, la sal y la pimienta, y lleve la mezcla a ebullición. Remueva la Maizena disuelta en agua y, lentamente, viértala en el wok, sin dejar de remover, hasta que la salsa haya tomado consistencia.

Agregue la carne y remuévala junto con la salsa, hasta que esté bien bañada. Cuézala durante 1-2 minutos, hasta que esté bien caliente y cubierta de salsa. Añada los segmentos y la corteza de naranja, y cueza la mezcla durante 1 minuto. Distribuya la carne y la naranja entre 4 platos de servir, y decórelos con menta fresca, si lo desea. Sirva con judías verdes.

Para 4 personas

—— CORDERO AL ESTILO MEXICANO ——

125 ml de vino blanco seco
125 ml de zumo de piña
2-4 cucharadas de zumo de limón
8 cucharadas de perejil fresco picado
3 chiles, sin semillas y picados
2 dientes de ajo, machacados
750 g de filete de cordero, en tiritas finas al través
1 aguacate grande
1 tomate grande, despepitado y a trocitos
1 lechuga, desmenuzada
2 cucharadas de aceite vegetal
1 cebolla, a daditos
5 tortillas o panes pitta calientes, para servir

En un cuenco, mezcle 1 cucharada de vino junto con 1 cucharada de zumo de piña, 1 cucharada de zumo de limón, 2 cucharadas de perejil, 1 cucharada de chile picado y $^1/_2$ cucharada de ajo machacado. Reserve. En una fuente de hornear, mezcle el resto de los ingredientes y agregue la carne. Remueva hasta que la carne quede bien untada de escabeche. Cubra la fuente y reserve en la nevera durante 1 hora. Pele el aguacate, trocéelo y añádalo al cuenco que contiene la primera mezcla, junto con el tomate picado. Remueva bien todos los ingredientes. Disponga la lechuga en una fuente de servir, de modo que forme un círculo alrededor del borde, y vierta encima la mezcla de aguacate. Reserve.

Caliente un wok. Vierta el aceite y engrase su interior. Extraiga la carne del escabeche, póngala en el wok y sofríala durante 2-3 minutos, hasta que esté dorada. Trasládela a un cuenco. Sofría la cebolla en el wok, durante 2-3 minutos, hasta que esté tierna. De nuevo, ponga la carne en el wok, junto con el jugo que haya podido desprender, y cuézala durante un minuto. Disponga la carne en el centro de la fuente y, si lo desea, sirva junto con unos panes pitta o tortillas.

Para 6 personas

SOFRITO DE MOUSSAKA

1 cucharada de aceite de oliva
2 cebollas, picadas
2 dientes de ajo, picados
750 g de carne magra de cordero, picada
400 g de tomate triturado
3-4 calabacines, a rodajas de 1 cm de grosor
1 cucharada de alcaparras, enjuagadas y
    escurridas
2 cucharadas de albahaca u orégano fresco
    picado o 1 cucharada de albahaca u
    orégano seco
sal y pimienta negra molida
300 g de orzo (pasta con forma de arroz)
125 g de queso fresco, desmenuzado

Coloque un wok sobre el fuego y espere hasta que esté muy caliente. Vierta el aceite en el wok y unte con él su interior. Agregue las cebollas y el ajo, y sofría ambos ingredientes durante 2-3 minutos, hasta que estén tiernos. Añada la carne de cordero y sofríala durante 4-5 minutos, hasta que esté dorada.

Incorpore el tomate, el calabacín, las alcaparras, el orégano o albahaca y la pimienta. Vierta 350 ml de agua en el wok, agregue el orzo y lleve la mezcla a ebullición. Después, cubra el wok y cueza la mezcla a fuego lento, durante 8-10 minutos, hasta que el orzo esté cocido y la mayor parte del líquido haya sido absorbida. Aparte el wok del fuego e incorpore el queso fresco. Sirva junto con una ensalada verde y pan crujiente.

Para 6-8 personas

— POPURRÍ DE TOCINO Y CIRUELAS —

500 g de filete de cerdo, en lonchas finas
2 cucharadas de salsa de soja
6 cucharaditas de vinagre balsámico o de
    sidra
2 cucharadas de aceite de oliva
2 calabacines, a rodajas
1 cebolla, cortada a lo largo, en «pétalos»
1 pimiento rojo, en tiritas finas
125 g de champiñones, a daditos
125 g de tirabeques
125 g de espárragos, en segmentos de 5 cm
50 g de nueces, partidos por la mitad
200 g de ciruelas pasas, sin hueso
sal y pimienta negra molida

Ponga las lonchas de carne en una fuente de hornear, rocíelas con la salsa de soja y el vinagre balsámico o de sidra, y remueva bien. Reserve la carne durante 30 minutos. Coloque un wok sobre el fuego y espere hasta que esté caliente. Vierta el aceite de oliva en el wok y unte con él su interior. Ponga la carne en el wok y sofríala durante 3-5 minutos, hasta que esté dorada. Utilice una espumadera para trasladar la carne a un cuenco.

Coloque el calabacín en el wok, junto con la cebolla, el pimiento rojo, los champiñones, los tirabeques, los espárragos, las nueces y las ciruelas, y sofría la mezcla durante 2-3 minutos, hasta que todos los ingredientes estén bien impregnados de aceite. Vierta 2 cucharadas de agua en el wok y tápelo. Cueza la mezcla durante 1-2 minutos, justo hasta que la verdura empiece a estar tierna. Destape el wok, vierta en él la carne de cerdo y remueva bien todos los ingredientes. Sazone con sal y pimienta. Sofría la carne durante 1-2 minutos más, hasta que esté bien caliente.

Para 4 personas

— TOCINO CON COCO Y LIMÓN —

6 filetes de cerdo, de unos 100 g cada uno
1 cm de raíz fresca de jengibre, rallada
2 cucharaditas de comino molido
1 cucharadita de perejil picado
1 cucharadita de chile en polvo
1 cucharadita de pimentón
$\frac{1}{2}$ cucharadita de sal
2-3 cucharadas de aceite vegetal
1 cebolla, en rodajas finas
3-4 dientes de ajo, machacados
300 ml de leche de coco sin azúcar
la ralladura y el zumo de 1 limón grande
1 col china pequeña, desmenuzada
rdajas de limón y hojas de perejil para decorar

Disponga los filetes entre dos láminas de papel apergaminado y utilice un rodillo de cocina para aplanarlos, hasta que su grosor sea de 0,5 cm. Corte los fiiletes en tiritas. En una fuente, mezcle el jengibre con el comino, el perejil, el chile en polvo, el pimentón y la sal. Incorpore las tiritas de carne y deje reposar la mezcla durante 15 minutos. Caliente un wok. Vierta la mitad del aceite en él y unte su interior. Agregue la mitad de la carne y sofríala durante 2-3 minutos. Luego, trasládela a un cuenco y manténgala caliente. Repita la operación con el resto de la carne. Vacíe el aceite del wok, dejando tan solo 1 cucharada.

Ponga la cebolla y el ajo en el wok, y sofríalos durante 2-3 minutos, hasta que la cebolla esté tierna. Añada la leche de coco gradualmente. Cueza la mezcla, justo hasta que esté a punto de hervir. Incorpore la ralladura y el zumo de limón y la col. Cueza a fuego lento, durante 5-7 minutos, removiendo con frecuencia, hasta que la col esté tierna y la salsa se haya espesado. Agregue la carne de cerdo, tape el wok y cuézala durante 1-2 minutos. Distribuya la mezcla de carne y col entre 6 platos, y decórelos con rodajas de limón y hojas de perejil. Sirva con tallarines chinos.

Para 6 personas

RATATOUILLE DE TOCINO

1 cucharada de aceite de oliva
4 chuletas de cerdo deshuesadas, de unos
    600 g de peso y cada una de 2,5 cm de
    grosor
1 cebolla, a trocitos
2 dientes de ajo, picados
1 berenjena pequeña, a daditos de 2,5 cm
1 pimiento verde o rojo, a daditos
2 calabacines, a rodajas gruesas
250 g de tomate triturado
1 cucharadita de albahaca u orégano fresco
    picado o $\frac{1}{2}$ cucharadita de albahaca u
    orégano seco
1 cucharadita de tomillo seco
sal y pimienta negra molida
ramitas de perejil fresco, para decorar

Caliente un wok sobre el fuego. Vierta el aceite de oliva en el wok y remuévalo para engrasarlo. Disponga las chuletas de cerdo sobre
el fondo y las paredes del wok, de modo que
formen una sola capa. Fría las chuletas durante 4-5 minutos, dándoles la vuelta una vez
y removiéndolas, hasta que estén doradas por
ambos lados. Disponga las chuletas en un plato. Agregue la cebolla y el ajo, al aceite que ha
quedado en el wok, y sofría durante 1 minuto, hasta que la cebolla empiece a estar tierna.
Añada la berenjena y el pimiento, y sofría ambos ingredientes durante 3-5 minutos, hasta
que estén tiernos y dorados.

Incorpore el calabacín, el tomate triturado y
su zumo, la albahaca u orégano y el tomillo,
y sazone con sal y pimienta. Remueva bien,
ponga la carne en el wok y cúbrala con la
mezcla de verdura. Reduzca el fuego, tape el
wok y cueza la ratatouille durante 6-8 minutos,
sacudiendo el wok de vez en cuando, para
evitar que los ingredientes se peguen. Destape
el wok y cueza la mezcla durante 2-3 minutos
más, hasta que la salsa se haya espesado ligeramente. Decore con perejil y sirva con pasta.

Para 4 personas

—— CERDO AL ESTILO INDONESIO ——

1 cucharada de harina sazonada
600 g de filete de cerdo, a daditos
2-3 cucharadas de aceite vegetal
1 cebolla, cortada por la mitad, a lo largo, en
    rodajas finas
2 dientes de ajo, machacados
2,5 cm de raíz fresca de jengibre, pelada y a
    tiritas
$\frac{1}{2}$ cucharadita de sambal oelek (ver nota) o
    de salsa de chile china
50 ml de salsa de soja oscura endulzada con
    1 cucharada de azúcar
hojas de perejil, para decorar

En un cuenco, mezcle la harina con los daditos de carne. Remueva hasta que la carne esté
bien enharinada. Sacuda el exceso de harina.

Caliente un wok sobre el fuego. Vierta 2 cucharadas de aceite en el wok y engrase su interior. Agregue los daditos de carne y sofríalos
durante 3-4 minutos, hasta que estén dorados,
añadiendo un poco de aceite, si es necesario.
Con una cuchara, aparte la carne hacia un lado
y agregue la cebolla, el ajo y el jengibre, y sofría todos los ingredientes, removiéndolos, durante 1 minuto.

Incorpore el sambal oelek o la salsa china, la
salsa de soja y 150 ml de agua. Remueva y
lleve a ebullición la mezcla. Luego, reduzca el
fuego, cubra el wok y cueza la mezcla a fuego lento durante 20-25 minutos, removiendo de
vez en cuando, hasta que la carne esté tierna
y la salsa se haya espesado. Decore con hojas
de perejil y sirva con arroz o tallarines fritos.

Para 4 personas

Nota: El sambal oelek es un condimento muy
picante elaborado con chile y de origen indo-
nesio, que puede adquirirse en establecimientos
especializados en productos orientales.

—— CERDO CON MELÓN Y MANGO ——

1 melón pequeño, a tiritas
1 mango no del todo maduro, pelado y a
   tiritas
sal y pimienta negra molida
1 cucharada de azúcar
el zumo de 1 limón
2 cucharadas de aceite de sésamo
250 g de filete de cerdo, a tiritas
4-6 cebollitas, a rodajas finas
2 dientes de ajo, machacados
5 cucharadas de nam pla (salsa de pescado)
1 cucharada de vinagre
$1/2$ cucharadita de chiles, machacados
perejil y cacahuetes picados, para decorar

En un cuenco, mezcle las tiritas de mango y melón junto con la sal y la pimienta, el azúcar y el zumo de limón. Reserve la mezcla. Coloque un wok sobre el fuego y espere hasta que esté muy caliente. Vierta el aceite en el wok y engrase su interior. Agregue la carne de cerdo y sofríala durante 2-3 minutos, hasta que esté dorada. Utilice una espumadera para extraer la carne del wok y séquela con papel de cocina absorbente.

Sofría el ajo y las cebollitas en el aceite que ha quedado en el wok, durante 1 minuto. Incorpore la salsa nam pla, el vinagre y el chile, y sazone con sal y pimienta, si fuera necesario. Agregue el melón, el mango, la carne y el jugo desprendido por estos ingredientes. Remueva bien y espere hasta que la mezcla esté caliente. Con una cuchara, traslade la mezcla a una fuente de servir y espolvoréela con el perejil y los cacahuetes picados. Sirva en frío o caliente, con tallarines chinos o col china para acompañar.

Para 2 personas

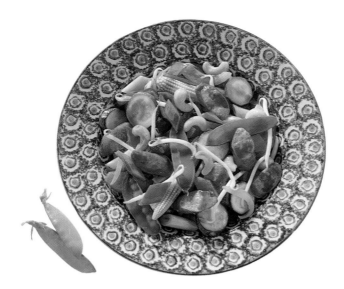

SOFRITO DE SALCHICHA CHINA

2 cucharadas de aceite vegetal o de sésamo
250 g de salchicha china (ver nota) o de
   salchicha italiana dulce, a rodajas, cocida
   previamente
1 pimiento rojo, a daditos
125 g de mazorquitas
2 calabacines, a rodajas finas
125 g de tirabeques
8 cebollitas, en segmentos de 2,5 cm
25 g de semillas de soja, enjuagadas
   y escurridas
25 g de anacardos o cacahuetes
2 cucharadas de salsa de soja
3 cucharadas de jerez seco o vino de arroz

Caliente un wok sobre el fuego. Vierta el aceite (vegetal o de sésamo) en el wok y embadurne su interior. Agregue las rodajas de salchicha y sofríalas durante 3-4 minutos, hasta
que estén cocidas y doradas. Añada la cebolla, el pimiento y las mazorquitas, y sofría la
mezcla durante 3 minutos. Luego, incorpore
el calabacín, los tirabeques y las cebollitas, y
sofría todos los ingredientes otros 2 minutos.

Añada las semillas de soja y los frutos secos,
y sofría la mezcla durante 1-2 minutos. Agregue
la salsa de soja y el jerez o vino, y sofría todos
los ingredientes durante 1 minuto, hasta que la
verdura esté tierna pero crujiente y la salchicha completamente hecha. Sirva con arroz o tallarines chinos.

Para 4 personas

Nota: La salchicha china se adquiere en comercios especializados en productos orientales. Debe cocinarse.

SALCHICHA Y PIMIENTOS

2 cucharadas de aceite de oliva
750 g de salchichas (picantes, dulces o
    variadas)
2 cebollas, cortadas a lo largo, en «pétalos»
4-6 dientes de ajo, machacados
3 pimientos (rojos y verdes) grandes, a tiritas
250 g de tomate pelado
1 cucharada de albahaca u orégano fresco y
    desmenuzado, ó 1 cucharadita de
    albahaca u orégano seco
$^1/_2$ cucharadita de chiles, machacados
$^1/_2$ cucharadita de tomillo seco
$^1/_2$ cucharadita de salvia
sal y pimienta negra molida
hojas frescas de orégano o albahaca, para
    decorar
queso parmesano, para servir

Caliente un wok, vierta en él el aceite de oliva y embadurne su interior. Agregue las salchichas y cuézalas a fuego medio, durante 8 a
10 minutos, removiéndolas y dándoles la vuelta, hasta que estén doradas. Traslade las salchichas a un plato y vacíe el aceite del wok,
dejando tan solo 2 cucharadas. Añada la cebolla
y el ajo, y sofría ambos ingredientes durante 2
minutos, hasta que estén dorados. Agregue las
tiritas de pimiento y sofríalas durante 1-2 minutos, hasta que empiecen a estar tiernas.

Incorpore el tomate y su zumo, el orégano o
albahaca, el chile machacado, el tomillo, la
salvia y la sal y la pimienta. Desmenuce los
tomates y remueva todos los ingredientes, hasta que estén bien mezclados. Ponga las salchichas en el wok y cúbralas con la verdura.
Cueza la mezcla durante 15-20 minutos, hasta
que la verdura esté tierna y la salsa adquiera
consistencia. Decore con hojas de orégano o
albahaca, y espolvoree con virutas de queso
parmesano. Sirva con arroz al azafrán o unos
espaguetis.

Para 6 personas

— CERDO CON CHILE Y GUISANTES —

500 g de filete de cerdo, en lonchas finas al través
1$\frac{1}{2}$ cucharadas de salsa de soja
6 cucharaditas de vinagre
1cucharada de aceite vegetal
2,5 cm de raíz fresca de jengibre, pelada y picada fina
2 dientes de ajo, machacados
1 chile rojo fresco, sin semillas y a rodajas finas
250 g de guisantes
100 g de col roja (lombarda) o radicchio, desmenuzado

Ponga la carne en una fuente de hornear y rocíela con la salsa de soja y el vinagre. Remueva la mezcla de modo que la carne quede bien impregnada. Reserve durante 15-20 minutos.

Caliente un wok, vierta en él el aceite y remuévalo para engrasar su interior. Agregue las lonchas de carne y sofríalas durante 2 minutos. Aparte la carne hacia un lado y añada el jengibre, el ajo y el chile, y sofría todos los ingredientes durante 1 minuto, hasta que estén bien mezclados.

Incorpore los guisantes y la col roja o radicchio, y sofría la mezcla durante 2-3 minutos, hasta que la verdura esté tierna pero crujiente. Sirva con arroz blanco o integral como acompañamiento.

Para 4 personas

— ESCALOPES DE CERDO AL BRANDY —

4 filetes de cerdo de 600 g y cada uno de
   2 cm de grosor
2 cucharadas de aceite vegetal
25 g de mantequilla
1 diente de ajo, picado
2 manzanas, sin el corazón y a rodajas finas
$\frac{1}{2}$ cucharadita de tomillo seco
3 cucharadas de Calvados o brandy
125 ml de nata líquida
sal y pimienta negra molida
rodajas de manzana y ramitas de perejil para
   decorar

Disponga los filetes de cerdo entre dos láminas de papel apergaminado y utilice un rodillo de cocina para aplanarlos, hasta que tengan
un grosor de 0,5 cm. Luego, corte la carne en
tiritas.

Caliente un wok sobre el fuego. Vierta el aceite en el wok y remuévalo para untar su interior. Agregue la mitad de la carne y sofríala
durante 2-3 minutos, hasta que esté dorada.
Traslade la carne a un plato y manténgala caliente. Cueza el resto de la carne del mismo
modo. Deseche el aceite del wok, agregue la
mantequilla y espere hasta que se haya derretido. Añada el ajo, las rodajas de manzana y el
tomillo, y sofríalos durante 1-2 minutos, hasta
que la fruta esté dorada.

Incorpore el Calvados o brandy y remuévalo
junto con el resto de los ingredientes. Añada
la nata líquida y lleve la mezcla a ebullición.
Compruebe el sabor y sazone con sal y pimienta. Cueza la mezcla durante 1 minuto, sin
dejar de remover, hasta que la salsa se haya espesado ligeramente. Distribuya la carne entre
4 platos y vierta encima la mezcla de salsa y
manzana. Decore los platos con rodajas de manzana y ramitas de perejil, y sirva con tallarines
al huevo untados con mantequilla.

Para 4 personas

CERDO CON ALBAHACA

250 g de tallarines chinos de huevo
50 ml de aceite de oliva
600 g de filetes de cerdo, a tiritas
1 cebolla roja, cortada a lo largo, en rodajas
    finas
4 cucharadas de hojas frescas de albahaca,
    desmenuzadas
6 cucharaditas de vinagre balsámico
3 cucharadas de piñones, tostados
sal y pimienta negra molida
hojas frescas de albahaca, para decorar

Cueza los tallarines en un cazo grande lleno de agua hirviendo, según las instrucciones del paquete. Escurra y enjuague bien los tallarines. Viértalos en un cuenco grande y rocíelos con 2 cucharadas de aceite de oliva. Reserve los tallarines y manténgalos calientes.

Coloque un wok sobre el fuego y espere hasta que esté muy caliente. Vierta el resto del aceite en el wok y remuévalo para engrasar su interior. Agregue la carne y sofríala durante unos 2 o 3 minutos, hasta que esté dorada. Añada la cebolla roja, remuévala junto con las tiritas de carne y sofría ambos ingredientes durante 1 minuto.

Incorpore la albahaca desmenuzada, el vinagre balsámico y los piñones, y remueva todos los ingredientes hasta que estén bien mezclados. Vierta los tallarines en el wok. Sazone, remueva la mezcla y distribúyala entre 4 platos. Decore con hojas de albahaca.

Para 4 personas

— ALBÓNDIGAS PICANTES CON TOFÚ —

400 g de carne magra de cerdo, picada
1 clara de huevo
3-6 cucharaditas de salsa de chile
sal
3 cucharadas de aceite vegetal
225 g de tofú firme (requesón de soja),
    escurrido y a daditos
1 pimiento rojo, cortado a daditos
250 g de judías verdes, en segmentos de 2,5 cm
2 dientes de ajo, machacados
2,5 cm de raíz de jengibre fresca, picada
2 cucharaditas de Maizena
125 ml de caldo de pollo
ramitas de perejil para decorar

En un cuenco, mezcle la carne picada con la clara de huevo, $\frac{1}{2}$ cucharadita de salsa de chile y la sal. Mezcle bien. Con las manos, forme 16 bolitas pequeñas de carne y guárdelas en el refrigerador, durante 20-30 minutos, hasta que estén firmes. Caliente un wok, vierta en él 2 cucharadas de aceite y remuévalo para engrasar su interior. Agregue las bolitas de carne (hágalo en 2 veces) y sofríalas durante 3-4 minutos, hasta que estén doradas. Seque las albóndigas con papel de cocina absorbente y manténgalas calientes. Sofría los daditos de tofú en el wok durante 2-3 minutos. Extraiga los daditos de tofú con una espumadera y séquelos con papel de cocina absorbente.

Vierta el resto de aceite en el wok, agregue el pimiento y las judías y sofría durante 3-4 minutos. Traslade la verdura a un cuenco. Sofría el ajo y el jengibre en el wok durante 1 minuto. Disuelva la Maizena en el caldo de pollo y vierta la disolución en el cuenco. Agregue el resto de la salsa de chile y cueza a fuego lento, durante 1 minuto. Añada la carne, cubra el wok y cuézala a fuego lento, durante 8-10 minutos. Destape el wok y agregue el tofú, el pimiento y las judías. Cueza a fuego lento, durante 1-2 minutos. Decore y sirva con arroz.

Para 4 personas

—— SOFRITO DE JAMÓN Y CIRUELA ——

2 cucharadas de aceite vegetal
1 pimiento rojo, a tiritas
350 g de ciruelas o nectarinas, deshuesadas y
    a rodajas finas
225 g de champiñones, a rodajas
2 puerros, enjuagados y a rodajas diagonales
    de 1 cm
6 cebollitas, a rodajas finas
500 g de jamón en lonchas gruesas y tiritas
    de 2,5 cm
250 ml de zumo de naranja
2 cucharadas de mermelada de melocotón o
    albaricoque
2 cucharadas de salsa de soja
6 cucharaditas de vinagre
2 cucharaditas de Maizena disuelta en
    2 cucharadas de agua

Caliente un wok, vierta en su interior el aceite y remuévalo para engrasarlo. Agregue el pimiento rojo y las ciruelas o nectarinas, y sofría
ambos ingredientes durante 1-2 minutos. Añada
los champiñones y los puerros, y sofría la verdura durante 1-2 minutos, hasta que empiece
a estar tierna. Aparte la verdura hacia un lado
y agregue las cebollitas y el jamón. Sofría la
mezcla durante 2-3 minutos, removiendo los ingredientes, hasta que el jamón esté caliente.

Incorpore el zumo de naranja, la mermelada de
melocotón o albaricoque, la salsa de soja y el
vinagre. Remueva la Maizena disuelta y viértala
en el wok. Lleve la mezcla a ebullición y sofríala durante 1-2 minutos, hasta que todos los
ingredientes esten bien impregnados de salsa
y ésta se haya espesado. Sirva con arroz o tallarines chinos como acompañamiento.

Para 4-6 personas

BERENJENA SZECHUAN

500 g de berenjenas pequeñas, a daditos de
    2,5 cm o en rodajas finas
sal
2 cucharadas de aceite de oliva
2 dientes de ajo, machacados
2,5 cm de raíz fresca de jengibre, pelada y
    picada fina
3-4 cebollitas, a rodajas finas
2 cucharadas de salsa de soja
3-6 cucharaditas de salsa de chile o
    1 cucharadita de chiles secos,
    machacados
1 cucharada de pasta amarilla de judía
    (opcional)
2 cucharadas de jerez seco o vino de arroz
3 cucharaditas de vinagre
1 cucharada de azúcar
perejil fresco picado, para decorar

Ponga la berenjena en un colador de plástico
o metal y deposítelo sobre un plato o placa de
hornear. Espolvoree la berenjena con sal y déjela reposar durante 30 minutos. Luego, enjuague la berenjena bajo un chorro de agua
fría y séquela con papel de cocina absorbente. Caliente un wok sobre el fuego. Vierta el
aceite en el wok y remuévalo para untar su interior. Agregue el ajo, el jengibre y las cebollitas y sofríalo todo durante 1-2 minutos, hasta
que las cebollitas empiecen a estar tiernas.
Añada la berenjena y sofríala durante 2-3 minutos, hasta que esté tierna y empiece a dorarse.

Agregue el resto de los ingredientes, junto con
150 ml de agua. Lleve la mezcla a ebullición.
Luego, cuézala a fuego lento durante 5-7 minutos, removiendo con frecuencia, hasta que
la berenjena esté muy tierna. Suba el fuego y
sofría la mezcla hasta que el jugo se reduzca
casi por completo. Con una cuchara, distribuya la berenjena entre 4-6 platos de servir y decore con perejil picado.

Para 4-6 personas

— COLES DE BRUSELAS AL JENGIBRE —

3 cucharadas de aceite vegetal
1 cebolla, a rodajas finas
1-2 dientes de ajo, machacados
2,5 cm de raíz fresca de jengibre, pelada y en
    tiritas finas
1 kg de coles de bruselas, lavadas y
    desmenuzadas
1 cucharada de jengibre escarchado picado ó
    1 tallo de jengibre en jarabe, picado
sal y pimienta

Caliente un wok, agregue el aceite y remuévalo para engrasar su interior. Añada la cebolla, el ajo y el jengibre, y sofría estos ingredientes durante 1 minuto. Agregue el resto del aceite. Incorpore las coles de bruselas desmenuzadas y el jengibre escarchado o tallo de jengibre, y sofría la mezcla durante 2-3 minutos .

Añada 2 cucharadas de agua, cubra el wok y cueza todos los ingredientes durante 2-3 minutos, removiendo 1 ó 2 veces. Destape el wok y, si la col parece demasiado seca, agregue otra cucharada de agua. Sazone con sal y pimienta, y traslade la mezcla a una fuente de servir.

Para 4-6 personas

COLIFLOR PICANTE

50 g de almendras enteras
1 coliflor grande, en ramilletes
50 g de mantequilla
1 cebolla, picada fina
$1/_2$ cucharadita de chile en polvo
3-4 cucharadas de zumo de limón
50 g de pan rallado
sal y pimienta negra, molida
gajos de limón y ramitas de perejil, para
    decorar

Ponga las almendras en un wok previamente calentado y sofríalas a fuego medio, hasta que estén tostadas por ambos lados. Traslade las almendras a un cuenco, espere a que se enfríen y, seguidamente, trocéelas.

Llene la mitad del wok con agua y llévela a ebullición, a fuego fuerte. Agregue la coliflor y cuézala a fuego lento, durante 2 minutos. Escurra la coliflor y resérvela. Seque el wok con un trapo y colóquelo de nuevo sobre el fuego. Añada la mantequilla y remuévala hasta que se haya derretido. A continuación, incorpore la cebolla, el chile en polvo y sofría estos ingredientes durante 2-3 minutos, hasta que estén tiernos.

Agregue la coliflor escaldada y el zumo de limón, y sofría durante 3-4 minutos, hasta que la coliflor esté tierna pero crujiente. Incorpore el pan rallado y las almendras, y remueva todos los ingredientes, de modo que la coliflor quede bien impregnada. Sazone con sal y pimienta. Distribuya la mezcla entre los platos y sírvala en caliente, decorada con gajos de limón y perejil.

Para 4-6 personas

— VERDURA AL ESTILO BOMBAY —

50 ml de aceite vegetal
1 cebolla, picada fina
2 dientes de ajo, machacados
1 cucharadita de semillas de comino
3 cucharaditas de curry en polvo
$\frac{1}{2}$ cucharadita de cardamomo molido
500 g de patatas, a trocitos de 1 cm y
 hervidas justo hasta estar tiernas
200 g de guisantes
1-2 cucharadas de zumo de limón
1 cucharadita de mostaza
2 cucharadas de perejil fresco picado
ramitas de perejil, para decorar

Caliente un wok, agregue el aceite y remuévalo para engrasar su interior. Añada la cebolla y el ajo, reduzca el fuego a intensidad moderada y sofría ambos ingredientes durante 4-6 minutos, hasta que la cebolla esté tierna y dorada. Incorpore las semillas de comino y sofría los ingredientes durante 2 minutos, hasta que las semillas empiecen a reventar. Añada el curry en polvo y el cardamomo molido, remueva bien todos los ingredientes y sofríalos durante 2-3 minutos más.

Incorpore las patatas y los guisantes, remuévalos junto con el resto de los ingredientes, hasta que estén bien embadurnados con las especias, y sofríalos durante 2-3 minutos. Añada el zumo de limón, la mostaza y el perejil picado, y remueva la mezcla con cuidado. Ponga una pequeña cantidad de agua si observa que las patatas empiezan a adherirse. Decore con ramitas de perejil y sirva caliente.

Para 4-6 personas

VERDURA AGRIDULCE

5 cucharaditas de Maizena
450 g de piña al natural en conserva, troceada
    y con el zumo reservado
3-4 cucharadas de azúcar moreno (al gusto)
70 ml de vinagre
2 cucharadas de salsa de soja
2 cucharadas de jerez seco o vino de arroz
50 ml de tomate ketchup
2 cucharadas de aceite vegetal
2 zanahorias, a rodajas finas
1 pimiento rojo, a rodajas finas
1 bulbo de hinojo, a rodajas finas
200 g de mazorquitas
200 g de tirabeques
200 g de calabacín, a rodajas finas

Vierta el zumo de piña reservado en un cuenco pequeño y disuelva en él la Maizena. Añada el azúcar moreno, el vinagre, el jerez seco o vino de arroz, la salsa de soja y el tomate ketchup, y remueva todos los ingredientes hasta obtener una mezcla homogénea. Reserve.

Coloque un wok sobre el fuego y espere hasta que esté muy caliente. Vierta el aceite vegetal en el wok y remuévalo para engrasar su interior. Ponga la zanahoria, el pimiento y el hinojo, y sofría la mezcla durante 3-4 minutos, hasta que la zanahoria empiece a estar tierna. Remueva la Maizena disuelta en el zumo de piña y viértala en el wok. Lleve la mezcla a ebullición, removiéndola, hasta que la salsa burbujee y se haya espesado. Añada las mazorquitas, los tirabeques y el calabacín, y cueza la mezcla a fuego lento, durante 1-2 minutos. Incorpore la piña troceada y remuévala junto con el resto de los ingredientes, durante 30 segundos. Distribuya la verdura entre 4 platos de servlr.

Para 4 personas

ZANAHORIAS Y TIRABEQUESES

3 cucharadas de aceite vegetal
400 g de zanahoria, a rodajas finas
1 bulbo de hinojo, a rodajas finas
200 g de tirabeques
4-6 cebollitas, a rodajas finas
125 ml de zumo de naranja
la ralladura de 1 naranja, con el zumo y
    los segmentos reservados
2-3 cucharadas de licor de naranja (opcional)
1 cucharada de azúcar moreno
$1/2$ cucharadita de canela molida
25 g de mantequilla, troceada

Caliente un wok, agregue el aceite y remuévalo para untar su interior. Añada las zanahorias y sofríalas durante 3 minutos.

Agregue el hinojo y los tirabeques, y sofría ambos ingredientes durante 2-3 minutos, hasta que la verdura esté tierna pero aún crujiente. Traslade la verdura a un cuenco. Sofría las cebollitas en el aceite que ha quedado en el wok, durante 30 segundos. Incorpore el zumo de naranja, el licor de naranja (opcional), el azúcar moreno, la canela y la ralladura de naranja. Lleve la mezcla a ebullición, a fuego fuerte y déjela hervir durante 2-3 minutos, hasta que la salsa tenga consistencia y quede reducida aproximadamente a la mitad.

Incorpore la mantequilla gradualmente y remueva hasta conseguir una salsa suave y homogénea. Agregue la verdura reservada y mézclela junto con la salsa. Sofría la verdura durante 30-45 segundos, hasta que esté bien caliente. Añada los segmentos de naranja, remueva con cuidado y vierta la verdura en una fuente de servir. Sirva en caliente.

Para 4 personas

PATATAS SALTEADAS

2 cucharadas de aceite de oliva
25 g de mantequilla
4 lonchas de bacon veteado, a daditos
1 cebolla, a rodajas
1 diente de ajo, machacado
750 g - 1 kg de patatas viejas, cocidas,
    peladas y a rodajas de 1 cm de grosor
1 cucharada de romero o tomillo fresco
    picado ó 1 cucharadita de romero o
    tomillo seco
2-3 cucharadas de vinagre balsámico o de
    vino afrutado
sal y pimienta negra molida
romero fresco picado, para decorar (opcional)

Caliente un wok. Agregue el aceite de oliva y
la mantequilla, y remueva ambos ingredientes
para engrasar el interior del wok. Añada el bacon y sofríalo durante 2 minutos, hasta que
esté crujiente. Agregue la cebolla y el ajo, y sofría todos los ingredientes durante 2-3 minutos,
hasta que estén dorados y ligeramente tiernos.

Incorpore las rodajas de patata y el romero o
tomillo, y remueva todos los ingredientes para
mezclarlos bien. Cueza la mezcla a fuego lento, removiendo de vez en cuando, durante 3
a 5 minutos, hasta que las patatas estén doradas y crujientes. Aliñe las patatas (al gusto) y
sazónelas con sal y pimienta. Distribuya las
patatas entre 6 cuencos y, si lo desea, decore
con romero picado.

Para 6 personas

——— PEPINO Y PUERRO A LA CREMA ———

25 g de mantequilla
1 pepino, de unos 450 g, pelado, sin semillas
    y a tiritas finas de 5 cm
2 puerros de unos 400 g, enjuagados y a
    tiritas finas de 5 cm
1 diente de ajo, machacado
3-4 cucharadas de jerez seco o vino de arroz
125 ml de nata líquida
3 cucharadas de eneldo fresco picado
sal y pimienta negra molida
ramitas de eneldo, para decorar

Caliente un wok, agregue la mantequilla y remuévala hasta que se derrita. Añada el pepino, el puerro y el ajo, y sofría la mezcla durante
2-3 minutos, hasta que el pepino empiece a
transparentar. Incorpore el jerez o vino y prosiga sofriendo la verdura durante 1 minuto,
hasta que el líquido se haya evaporado.

Vierta la nata líquida en el wok y remuévala
junto con el pepino y los puerros, durante 1 a
2 minutos, hasta que ambos ingredientes estén
tiernos pero crujientes y bien impregnados de
salsa. Agregue el eneldo picado y sazone la
mezcla con sal y pimienta. Traslade la verdura a una fuente de servir, decórela con unas ramitas de eneldo y sírvala caliente.

Para 4-6 personas

——— VERDURA AL ESTILO GRIEGO ———

SOFRITO DE TOMATES CHERRY
2 cucharadas de aceite de oliva
1 diente de ajo, machacado
350 g de tomates cherry
4 cebollitas, a rodajas finas
50 g de piñones tostados
2 cucharadas de albahaca fresca picada, y
    hierbas de especias, para decorar
1 cucharada de vinagre balsámico
pimienta negra molida

Caliente un wok y engrase su interior con el
aceite. Añada el ajo y los tomates, y sofría durante 2-4 minutos, hasta que la piel de los tomates esté arrugada. Incorpore las cebollitas,
los piñones, la albahaca y el vinagre, y sofría
la mezcla durante 1 minuto. Sazone los tomates y decórelos antes de servir.

HABAS AL ESTILO GRIEGO
750 g de habas, sin vaina
2 cucharadas de aceite de oliva
1 diente de ajo
$\frac{1}{2}$ cucharadita de albahaca u orégano seco
$\frac{1}{2}$ cucharadita de azúcar
1 cucharadita de vinagre de vino blanco
50 g de queso fresco, desmenuzado
hojas frescas de orégano o albahaca

Ponga las habas en un wok y cúbralas con
agua. Llevélas a ebullición y déjelas hervir a
fuego lento, durante 1 minuto. Escúrralas y enjuáguelas bajo un chorro de agua fría. Pelélas
con los dedos. Seque el wok con un paño.
Caliente el wok, agregue el aceite de oliva y
unte el interior. Añada el ajo, sofríalo durante
5-10 segundos y, luego, deséchelo. Incorpore
las habas, el orégano seco o albahaca y el azúcar, y sofría la mezcla a medio fuego, durante
3-4 minutos. Incorpore el vinagre. Aparte el wok
del fuego y espolvoree la mezcla con el queso
fresco. Decore con hojas de albahaca u orégano
y sirva frío o caliente.

Para 4 personas

VERDURA MEDITERRÁNEA

ESPÁRRAGOS CON RÁBANOS
2-3 cucharadas de aceite de oliva
750 g de espárragos delgados, en segmentos
    de 5-7,5 cm
8 rábanos grandes, lavados y a rodajas finas
4-5 cebollitas, a rodajas
2 cucharadas de vinagre balsámico o de sidra
    (opcional)

Caliente un wok y engrase su interior con el aceite. Agregue los espárragos y sofríalos durante 2-3 minutos. Añada los rábanos y las cebollitas, y sofría los ingredientes durante 1-2 minutos, hasta que los espárragos estén tiernos pero crujientes. Incorpore el vinagre balsámico o de sidra (opcional) y remueva la mezcla.

CALABACINES CON JAMÓN
2 cucharadas de aceite vegetal
80 g de calabacines, a tiritas de 5 cm de largo
1 pimiento rojo, a tiritas finas
50 ml de salsa de soja
3-4 cucharadas de vino de arroz o vinagre de
    sidra
1 cucharada de azúcar moreno
1 cucharada de aceite de sésamo
50 g de lonchas de jamón, a trocitos
cebollinos picados, para decorar

Caliente un wok y unte su interior con aceite vegetal. Añada el calabacín y el pimiento rojo, y sofría ambos ingredientes durante 3-4 minutos, hasta que estén tiernos pero crujientes. Incorpore la salsa de soja, el vino de arroz o vinagre de sidra y el azúcar moreno, y remueva todos los ingredientes, hasta que el azúcar se haya disuelto. Añada el aceite de sésamo y el jamón, y mezcle bien todos los ingredientes. Antes de servir, decore con cebollinos.

Para 6 personas

VERDURA PICANTE

COL AROMÁTICA
50 ml de aceite vegetal
2 dientes de ajo, machacados
2 cucharadas de pasas
1 pimiento rojo, a rodajas muy finas
1 cucharadita de salsa de chile china
6-8 cebollitas, a rodajas finas
6-8 cucharaditas de zumo de limón
1 col, a tiritas finas

Caliente un wok y engrase su interior con el aceite. Añada el ajo, las pasas y el pimiento, y sofría la mezcla durante 2 minutos. Incorpore la salsa de chile, las cebollitas y el zumo de limón. Remueva bien todos los ingredientes. A continuación, agregue la col y sofríala durante 3-5 minutos.

CALABACINES CON CHILE Y ALMENDRAS
2 cucharadas de aceite vegetal
2-3 dientes de ajo, machacados
2,5 cm de raíz fresca de jengibre, pelada y picada fina
$^{1}/_{2}$ cucharadita de chile en polvo
1 cucharadita de salsa china de chile dulce (al gusto)
$^{1}/_{2}$ cucharadita de azúcar
750 g de calabacines, a rodajas de 2,5 cm

Caliente un wok y unte su interior con el aceite. Añada el ajo y el jengibre, y sofría ambos ingredientes durante 1 minuto. Incorpore el chile en polvo, la salsa de chile y el azúcar.

Agregue el calabacín y remueva bien todos los ingredientes. Incorpore 2 cucharadas de agua y sofría la mezcla durante 3-5 minutos, hasta que el calabacín esté tierno pero crujiente (añada una pequeña cantidad de agua, si es necesario). Sirva en caliente o a temperatura ambiente.

Para 4-6 personas

— ENSALADA CALIENTE «ANTIPASTI» —

ensalada verde variada (lechuga, escarola,
  radicchio u oruga), para servir
5 cucharadas de aceite de oliva
9 cucharaditas de vino tinto o vinagre
  balsámico
500 g de corazones de alcachofa,
  enjuagados, escurridos y por la mitad
250 g de alubias cocidas, escurridas
1 diente de ajo, machacado
1 cebolla roja, picada
$\frac{1}{2}$ cucharadita de albahaca seca
200 g de pimiento rojo cocinado, escurrido y
  a tiritas de 1 cm
4 tomates a trozos
1 cucharada de alcaparras, enjuagadas y
  escurridas
100 g de aceitunas negras
hojas de albahaca fresca (opcional)

En un cuenco, mezcle la ensalada verde junto con 3 cucharadas de aceite de oliva y 6 cucharaditas de vinagre. Disponga la ensalada en una fuente de servir. Caliente un wok, agregue el resto del aceite y remuévalo para engrasar su interior. Añada las alcachofas, las judías, la cebolla roja y la albahaca, y sofría la mezcla durante 2-3 minutos, hasta que esté bien caliente. Utilice una cuchara para, con cuidado, verter la mezcla sobre las hojas de la ensalada.

Ponga el pimiento rojo y el tomate en el wok, remueva ambos ingredientes con cuidado, durante 1-2 minutos, hasta que estén calientes. Disponga estos ingredientes sobre la mezcla de alcachofas y judías. Espolvoree la ensalada con las alcaparras, las aceitunas negras y las hojas de albahaca (opcional), y sirva en caliente, con pan crujiente.

Para 4-6 personas

—— ENSALADA DE ESPINACAS ——

500 g de hojas de espinacas
3 cucharadas de aceite de oliva
6 lonchas de bacon, a daditos
1 bulbo de hinojo, a rodajas finas
250 g de champiñones, cuarteados
4-6 cebollitas, a rodajas finas
6 cucharaditas de vinagre de sidra
3 cucharaditas de mostaza Dijon
1 cucharadita de azúcar
pimienta negra molida
rodajas de limón y rábano, para decorar
    (opcional)

Disponga las espinacas en un cuenco y parta aquellas hojas que sean demasiado grandes.

Caliente un wok, agregue el aceite y remuévalo para engrasar su interior. Añada el bacon y sofríalo durante 2-3 minutos, hasta que esté dorado y crujiente. Agregue el hinojo y los champiñones, y sofría ambos ingredientes durante 2-3 minutos, hasta que estén tiernos pero crujientes. Incorpore las cebollitas y remueva bien todos los ingredientes.

Agregue el vinagre de sidra, la mostaza, el azúcar y la pimienta negra, y remueva todos los ingredientes de modo que la verdura quede bien impregnada de salsa. Vierta la mezcla sobre las espinacas y remueva todos los ingredientes (las hojas de espinacas adquirirán inmediatamente un aspecto marchito). Decore la ensalada con unas rodajas de limón y de rábano, y sírvala.

Para 4-6 personas

SOFRITO DE ALUBIAS

200 g de judías verdes redondas, en segmentos de 5 cm
200 g de judías verdes planas, en segmentos de 5 cm
200 g de tirabeques
125 ml de aceite de oliva
1 cebolla, picada
2 dientes de ajo
450 g de judías enanas (rojas), enjuagadas y escurridas
450 g de judías blancas, enjuagadas y escurridas
350 g de maíz cocinado y escurrido
50 ml de vinagre
3-6 cucharaditas de mostaza de Dijon
1 cucharadita de azúcar
250 g de queso manchego seco, a daditos
3-4 cucharadas de perejil fresco, picado

Llene con agua la mitad de un wok. Coloque el wok a fuego fuerte y lleve el agua a ebullición. Agregue las judías verdes (redondas y planas) y cuézalas a fuego lento durante 2 minutos. Añada los tirabeques y lleve la mezcla a ebullición. Escurra las judías ya cocidas y enjuáguelas bajo un chorro de agua fría. Seque el wok con un paño. Caliéntelo, agregue 2 a 3 cucharadas de aceite y remuévalo para engrasarlo. Añada la cebolla y el ajo, y sofríalos durante 2-3 minutos, hasta que estén tiernos. Incorpore las judías enanas, las judías blancas y el maíz, y sofríalo todo durante 2-3 minutos.

Ponga las judías escaldadas en el wok y sofría todos los ingredientes durante 3-4 minutos. Aparte el wok del fuego, vierta la mezcla en un cuenco grande y deje enfriar ligeramente. En otro cuenco, bata el vinagre con la mostaza y el azúcar. Incorpore el resto del aceite gradualmente y remueva, hasta conseguir una salsa untosa y homogénea. Viértala sobre la mezcla de judías. Agregue el queso a daditos y el perejil y remueva bien. Sirva la ensalada caliente o a temperatura ambiente.

Para 6 personas

PASTA PRIMAVERA

500 g de tallarines o espaguetis finos
2-4 cucharadas de aceite de oliva
250 g de espárragos, en segmentos de 5 cm
250 g de ramilletes de bróculi, en ramilletes
2 calabacines verdes o amarillos, a rodajas
125 g de tirabeques, por la mitad (si son
      grandes)
2-4 dientes de ajo, machacados
400 g de tomate triturado
25 g de mantequilla
125 g de guisantes congelados
4-6 cucharadas de albahaca fresca
      desmenuzada o eneldo fresco picado
queso parmesano rallado, para servir

Cueza la pasta en un wok o cazo, siguiendo las instrucciones del paquete.

Escurra la pasta, viértala en un cuenco grande, sazónela con 1 cucharada de aceite y reserve. Caliente un wok, agregue el resto del aceite y remuévalo para engrasar su interior. Añada los espárragos y el bróculi, y sofría ambos ingredientes durante 4-5 minutos, hasta que estén tiernos pero crujientes. Traslade ambos ingredientes a un cuenco. Sofría el calabacín y los tirabeques en el wok durante 1-2 minutos, hasta que estén tiernos pero crujientes. Viértalos en el cuenco, junto con los espárragos y el bróculi. Sofría el ajo en el aceite que ha quedado en el wok, durante 1 minuto. Incorpore el tomate triturado con su zumo, y cuézalo a fuego lento durante 4-6 minutos, hasta que se haya espesado ligeramente.

Remueva la mantequilla con la salsa de tomate y agregue la verdura, los guisantes congelados, la albahaca o eneldo y la pasta. Remueva bien todos los ingredientes, durante 2-3 minutos, hasta que estén bien mezclados y calientes. Sirva con queso parmesano rallado.

Para 4-6 personas

— MACARRONES, VODKA Y TOMATE —

500 g de macarrones
2 cucharadas de aceite de oliva
1 cebolla, picada fina
2 dientes de ajo, machacados
400 g de tomate entero
$\frac{1}{2}$ cucharadita de chiles secos, picados
125 g de lonchas finas de jamón, troceadas
125 ml de vodka
250 ml de nata líquida
50 g de queso parmesano, rallado
4 cucharadas de perejil fresco, picado
sal y pimienta negra, molida

Cueza los macarrones según las instrucciones del paquete.

Escurra la pasta y resérvela. Caliente un wok, agregue el aceite de oliva y remuévalo para engrasar su interior. Añada la cebolla y el ajo, y sofría ambos ingredientes durante 2 minutos, hasta que la cebolla empiece a estar tierna. Agregue los tomates y chiles machacados, y lleve la mezcla a ebullición. Reduzca el fuego y cueza la salsa a fuego lento, durante 8-10 minutos, hasta que se haya espesado un poco.

Añada el jamón y el vodka, y cueza la mezcla a fuego lento, durante 5 minutos. Agregue la nata líquida y la mitad del queso parmesano, y cueza todos los ingredientes a fuego lento, durante 3 minutos. Incorpore los macarrones y el perejil, y remueva bien, hasta que la pasta esté bien impregnada de salsa. Sazone con sal y pimienta, y cueza la pasta durante 1-2 minutos, hasta que esté bien caliente. Espolvoree la pasta con el resto del queso parmesano y sírvala en caliente.

Para 4-6 personas

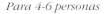

—— MACARRONES CON BERENJENA ——

500 g de berenjenas, a tiritas de 0,5 cm
500 g de macarrones
3 cucharadas de aceite de oliva
3 dientes de ajo, machacados
500 g de tomates, pelados, triturados y sin
    semillas
1 chile fresco, sin semillas y picado
125 g de salami, a tiritas finas
100 g de aceitunas negras
2 cucharadas de alcaparras, enjuagadas y
    escurridas
4 cucharadas de albahaca u orégano fresco,
    picado
125 g de queso fresco desmenuzado
25 g de queso parmesano, rallado
ramitas de hierbas, para decorar

Ponga la berenjena en un colador y colóque-lo sobre un plato. Espolvoree las tiritas de be-renjena con sal, remuévalas y déjelas reposar durante 1 hora. Enjuague la berenjena bajo un chorro de agua fría y séquela con papel de cocina absorbente. Cueza los macarrones en un cazo lleno de agua hirviendo, según las ins-trucciones del paquete. Escurra la pasta y re-serve.

Caliente un wok sobre el fuego. Vierta el acei-te de oliva en el wok y remuévalo para en-grasar su interior. Añada la berenjena y sofrí-ala durante 3-5 minutos, hasta que esté dorada. Séquela con papel de cocina absorbente. Ponga el ajo en el wok, junto con el tomate y el chi-le, y sofría la mezcla durante 2 minutos, has-ta que el jugo haya sido absorbido. Agregue el salami, las aceitunas, las alcaparras, la albaha-ca o el orégano, la berenjena y los macarrones, y remueva bien todos los ingredientes. Sofría la mezcla durante 1-2 minutos, hasta que esté bien caliente. Agregue el queso fresco y re-muévalo con el resto de los ingredientes. Espol-voree la pasta con queso parmesano y sírvala caliente.

Para 6 personas

ENSALADA DE TORTELLINI

400 g de tortellini verdes, rellenos de carne o
    queso
125 ml de aceite de oliva
2 dientes de ajo, machacados
250 g de espárragos, en segmentos de 5 cm
200 g de bróculi, en ramilletes
1 pimiento amarillo o rojo, a rodajas finas
200 g de corazones de alcachofa en
    conserva, escurridos
1 cebolla roja, a rodajas finas
2 cucharadas de alcaparras
3-4 cucharadas de aceitunas negras
8 cucharaditas de vinagre
3 cucharaditas de mostaza Dijon
sal y pimienta negra molida
3 cucharadas de hojas de albahaca o perejil,
    desmenuzadas

Cueza la pasta en un cazo grande lleno de
agua hirviendo, según las instrucciones del paquete. Escurra la pasta y enjuáguela. Escúrrala
de nuevo y sazónela con 1 cucharada de aceite de oliva. Reserve. Caliente un wok, agregue 2 cucharadas de aceite y remuévalo para
engrasarlo. Añada el ajo, los espárragos y el
bróculi, y sofría la verdura durante 4-5 minutos, hasta que esté tierna pero aún crujiente.
Agregue el pimiento y sofríalo durante 1 minuto. Vierta la verdura en un cuenco grande y
mézclela con los tortellini, las alcachofas, la
cebolla roja, las alcaparras y las aceitunas. Deje
enfriar la ensalada a temperatura ambiente.

En un cuenco pequeño, bata el vinagre junto
con la mostaza, la sal y la pimienta. Incorpore
el resto del aceite gradualmente, hasta obtener
una salsa suave y homogénea. Vierta la salsa
sobre la ensalada, agregue la albahaca o el perejil, y mezcle bien todos los ingredientes. Sirva
a temperatura ambiente.

Para 4-6 personas

— PASTA CON SALSA DE CACAHUETE —

500 g de espaguetis o tallarines chinos
2 cucharadas de aceite de oliva
250 g de carne magra de cerdo, picada
1 pimiento rojo, a rodajas finas
125 g de tirabeques, cortados en diagonal y
    por la mitad
1 cucharada de azúcar
2,5 cm de raíz fresca de jengibre, rallada
$^1/_2$ cucharadita de chiles secos, machacados
50 ml de salsa de soja
8 cucharaditas de vinagre
150 ml de manteca aromatizada de cacahuete
8 cebollitas, a rodajas finas
2 cucharadas de perejil fresco, picado
ramitas de perejil, para decorar

Cueza los espaguetis o tallarines en un cazo lleno de agua hirviendo, según las instrucciones del paquete. Escurra la pasta y sazónela con una cucharada de aceite. Reserve. Ponga la carne picada en un wok sin calentar y cuézala a fuego medio, removiéndola y desmenuzándola, hasta que haya perdido su color rosado. Agregue el pimiento rojo, los tirabeques y el azúcar, y sofría todos los ingredientes durante 1 minuto. Añada el jengibre, el chile, la salsa de soja, el vinagre, la manteca aromatizada con cacahuete y 150 ml de agua caliente, y cueza la mezcla, sin dejar de remover, hasta que la salsa burbujee y la manteca se haya derretido. Agregue una pequeña cantidad de agua, si es necesario.

Incorpore las cebollitas y los espaguetis. Remueva todos estos ingredientes y sofríalos durante 2-3 minutos, hasta que la pasta esté caliente y bien impregnada de salsa. Espolvoree los espaguetis con el perejil picado y rocíelos con el resto del aceite. Remueva bien y sirva caliente, con unas ramitas de perejil como decoración.

Para 4-6 personas

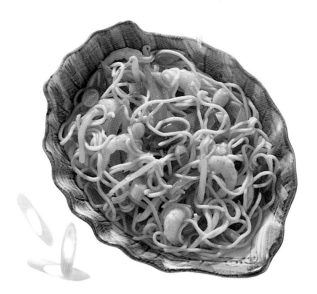

— TALLARINES AL ESTILO SINGAPUR —

250 g de tallarines al huevo redondos
50 ml de aceite vegetal
2 dientes de ajo, picados
2,5 cm de raíz fresca de jengibre, pelada y
    picada fina
1 chile fresco, sin semillas y picado
1 pimiento rojo, a rodajas finas
125 g de tirabeques (cortados, si son
    grandes)
4-6 cebollitas, a rodajas finas
200 g de gambas cocidas y peladas
125 g de semillas de soja, enjuagadas y
    escurridas
70 ml de tomate ketchup
1 cucharadita de chile en polvo
1-2 cucharaditas de salsa de chile

Cueza los tallarines en un cazo grande lleno de agua hirviendo, según las instrucciones del paquete. Escurra bien los tallarines y sazónelos con 1 cucharada de aceite. Reserve. Caliente un wok, agregue el resto del aceite y remuévalo para untar su interior. Añada el ajo, el jengibre y el chile, y sofría la mezcla durante 1 minuto. Añada el pimiento rojo y los tirabeques, y sofría todos los ingredientes durante 1 minuto.

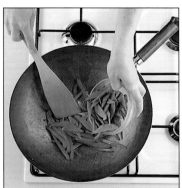

Agregue las cebollitas, las gambas y las semillas de soja, e incorpore el tomate ketchup, el chile en polvo y la salsa de chile y 125 ml de agua. Lleve la mezcla a ebullición, añada los tallarines y remueva todos los ingredientes. Sofría los espaguetis durante 1-2 minutos, hasta que estén bien calientes e impregnados de salsa. Traslade la pasta a un cuenco y sírvala inmediatamente.

Para 4 personas

LARINES A. CO

250 g de espa   o tallarines integrales
50 ml de aceite   cahuete o de oliva
125 g de shiit   mpiñones ostra
1 pimiento ro   as finas
½ col china   . tiritas
125 g de ti   odajas finas
4-6 cebo¹¹   s finas
175 ml d   sin azúcar
2 cuch·   e arroz o jerez seco
1 cuch   e soja
1 cu arad   ostras
1 cu haradi¹   ue chile china
3 cucharadit   rena disuelta en
   2 cuchara   ua
8 cucharadas   o perejil fresco,
   picado
ram itas de me   ejil, para decorar

C za los esp   en un cazo grande lleno
agua hirvi   gún las instrucciones del
quete. Esc   n la pasta y sazónela con
ucharada de   ite. Caliente un wok y en-
se su interior   on el resto del aceite. Añada
. champiñones, el pimiento y la col, y sofría
la verdura durante 2-3 minutos, hasta que empiece a estar tierna. Añada los espaguetis, los
tirabeques y las cebollitas, remueva bien todos
los ingredientes y sofríalos durante 1 minuto.

Añada la leche de coco gradualmente, junto
con el vino de arroz o jerez y las salsas de
soja, ostras y chile, y lleve la mezcla a ebullición. Aparte los ingredientes contenidos en el
wok a un lado e incorpore la Maizena previamente disuelta. Remueva la mezcla, hasta que
los ingredientes líquidos formen una salsa homogénea y, luego, incorpore la menta o el perejil picados. Remueva y sofría los espaguetis
durante 2-3 minutos, hasta que estén bien calientes e impregnados de salsa. Decore con
unas ramitas de menta o perejil y sirva la pasta bien caliente.

Para 4 personas

ESPAGUETIS PICANTES FRÍOS

500 g de tallarines de trigo sarraceno o
    espaguetis integrales
2 cucharadas de aceite de sésamo o vegetal
2 dientes de ajo, machacados
1 pimiento verde, a rodajas finas
125 g de tirabeques
125 g de daikon (mooli), a rodajas finas
2 cucharadas de salsa de soja
3 cucharaditas de vinagre
3-6 cucharaditas de salsa china de chile
2 cucharaditas de azúcar
70 g de manteca de cacahuete o pasta de
    sésamo
8-10 cebollitas, a rodajas finas
cacahuetes picados o semillas de sésamo,
    tostados, para decorar
tiritas de pepino, para servir (opcional)

Cueza los tallarines o espaguetis en un cazo
lleno de agua hirviendo, según las instrucciones
del paquete. Escúrra la pasta y enjuáguela bien.
Escurra la pasta otra vez y sazónela con 1 cucharada de aceite. Reserve. Caliente un wok sobre el fuego y engrase su interior con el resto
del aceite. Sofría el ajo durante 5-10 segundos.
Agregue el pimiento, los tirabeques y el daikon
(mooli). Sofríalos durante 1 minuto, hasta que
adquieran un color vivo y estén fragantes.

Incorpore la salsa de soja, el vinagre, la salsa
de chile, el azúcar, la manteca de cacahuete o
pasta de sésamo y 50 ml de agua. Aparte el
wok del fuego. Remueva la mezcla, hasta que
la manteca de cacahuete o pasta de sésamo
se haya disuelto y forme una salsa suave añadiendo una pequeña cantidad de agua si fuera necesario. Agregue los espaguetis y remuévalos hasta que queden bien impregnados de
salsa. Vierta los espaguetis en un cuenco y dé-
jelos enfriar. Antes de servir, remueva los espaguetis, añada las cebollitas y espolvoree la
mezcla con cacahuetes picados o semillas de
sésamo. Sirva con pepino, si lo desea.

Para 4-6 personas

— TALLARINES AL ESTILO TAILANDÉS —

250 g de tallarines de arroz
3 cucharadas de aceite vegetal
2 dientes de ajo, pelados y picados
1 pimiento rojo, a rodajas finas
1 cucharada de salsa de soja
1 cucharadita de salsa de chile
6 cucharaditas de nam pla (salsa de pescado)
4 cucharaditas de vinagre
1 cucharada de azúcar moreno
500 g de gambas cocidas, peladas
175 g de semillas de soja, enjuagadas y
    escurridas
6 cebollitas, a rodajas finas
4 cucharadas de aceite de sésamo
3 cucharadas de cacahuetes picados, para
    decorar

Ponga los tallarines de arroz en un cuenco a prueba de fuego. Llénelo con agua, hasta que el nivel de ésta quede 5 cm por encima de los tallarines. Deje los tallarines en remojo durante 15-20 minutos, hasta que estén tiernos. Escúrralos y resérvelos. Caliente un wok, agregue el aceite y remuévalo para engrasar su interior. Añada el ajo y el pimiento rojo, y sofría ambos ingredientes durante 2-3 minutos, hasta que el pimiento esté tierno pero aún crujiente. Agregue los tallarines, la salsa de soja, la salsa de chile, el nam pla (salsa de pescado), el vinagre y el azúcar moreno, y sofría la mezcla durante 1 minuto. Si los tallarines empiezan a adherirse, añada una pequeña cantidad de agua.

Incorpore las gambas, las semillas de soja, las cebollitas y el aceite de sésamo, y sofría todos los ingredientes durante 2-3 minutos, hasta que las gambas estén calientes. Espolvoree los tallarines con unos cacahuetes picados y sírvalos calientes.

Para 4 personas

ARROZ FRITO ASIÁTICO

250 g de arroz de grano largo
2 cucharadas de aceite vegetal
2 dientes de ajo, machacados
1 chile rojo fresco, sin semillas y picado
1 cm de raíz fresca de jengibre, pelada y
    picada
2 cucharadas de salsa de soja
1 cucharadita de azúcar
2 cucharaditas de nam pla (salsa de pescado)
4-6 cebollitas, a rodajas finas
500 g de gambas pequeñas, cocidas y
    peladas
250 g de piña en conserva al natural, troceada
    (zumo reservado)
3-4 cucharadas de perejil fresco, picado

Cueza el arroz en un cazo grande lleno de agua hirviendo, durante 15-17 minutos, hasta que esté tierno. Vierta el arroz en un colador, déjelo escurrir y, luego, enjuáguelo bajo un chorro de agua fría, hasta que esté bien frío. Reserve. Caliente un wok, agregue el aceite vegetal y remuévalo para untar su interior. Añada el ajo, el chile y el jengibre, y sofría estos ingredientes durante 1 minuto. Incorpore la salsa de soja, el azúcar, el nam pla (salsa de pescado) y las cebollitas, y remueva la mezcla hasta que el azúcar se haya disuelto.

Agregue el arroz, las gambas, la piña y remueva hasta que todo esté bien mezclado. Sofría la mezcla durante 3-4 minutos, hasta que el arroz esté caliente (si el arroz empieza a adherirse, agregue una pequeña cantidad de zumo de piña). Añada el perejil, vierta el arroz en un cuenco y sirva inmediatamente.

Para 4-6 personas

CHOW MIEN

3 cucharadas de salsa de soja
2 cucharadas de jerez seco o vino de arroz
1 cucharadita de salsa de chile china
1 cucharada de aceite de sésamo
6 cucharaditas de Maizena
350 g de pechugas de pollo, deshuesadas,
    sin piel y en tiritas
250 g de tallarines chinos al huevo
2 cucharadas de aceite vegetal
2 tallos de apio, a rodajas finas
200 g de champiñones
1 pimiento verde o rojo, a rodajas finas
125 g de tirabeques
4-6 cebollitas
125 ml de caldo de pollo o agua
125 g de semillas de soja, enjuagadas

En una fuente de hornear, mezcle la salsa de
soja junto con el jerez o vino de arroz, la salsa de chile, el aceite de sésamo y la Maizena.
Agregue las tiritas de pollo y remuévalas junto con la mezcla anterior, hasta que estén bien
impregnadas. Déjelas reposar durante 20 minutos. Cueza los tallarines en un cazo con de
agua hirviendo, según las instrucciones del paquete. Escurra los tallarines y resérvelos.

Caliente un wok, agregue el aceite y remuévalo
para engrasar su interior. Sofría el apio, los
champiñones y el pimiento durante 2-3 minutos, hasta que la verdura empiece a estar tierna. Agregue los tirabeques y las cebollitas, y
sofría todos los ingredientes durante 1 minuto. Traslade la mezcla a un cuenco. Coloque el
pollo, junto con su escabeche, en el wok.
Sofríalo durante 2-3 minutos, hasta que esté
cocido. Incorpore el caldo, lleve la mezcla a
ebullición y añada los tallarines, la verdura antes reservada y las semillas de soja. Remueva
para mezclar bien todos los ingredientes y sofríalos durante 1-2 minutos, hasta que la salsa
se haya espesado y los tallarines estén calientes.

Para 4-6 personas

PAELLA AL ESTILO WOK

2 cucharadas de aceite de oliva
500 g de chorizo, a rodajas de 2,5 cm
500 g de pechugas de pollo, sin piel,
    deshuesadas y en tiritas de 2,5 cm
1 cebolla, picada
2-3 dientes de ajo, machacados
1 pimiento verde o rojo, a daditos
400 g de tomate
500 g de arroz de grano largo
$\frac{1}{2}$ cucharadita de chiles secos, machacados
$\frac{1}{2}$ cucharadita de tomillo seco
1 cucharadita de hebras de azafrán,
    machacadas
250 g de judías verdes, en segmentos
    de 2,5 cm
250 g de gambas cocidas y peladas
    (opcional)
ramitas de perejil o gajos de limón, para
    decorar

Caliente un wok, agregue el aceite y remuévalo para engrasar su interior. Añada el chorizo y sofríalo durante 4-5 minutos, hasta que esté dorado. Traslade el chorizo a un plato. Sofría el pollo en el aceite que ha quedado en el wok, durante 3-4 minutos, hasta que esté dorado. Traslade el pollo a un plato.

Ponga la cebolla en el wok, junto con el ajo y el pimiento, y sofría estos ingredientes durante 3-4 minutos. Agregue el tomate, el arroz, 500 ml de agua, el chile, el tomillo y el azafrán. Lleve la mezcla a ebullición, añada el chorizo y reduzca el fuego al mínimo. Tape el wok y cueza, a fuego lento, durante 20-30 minutos, hasta que el arroz esté a punto. Agregue el pollo y las judías verdes. Cubra el wok y cueza todos los ingredientes durante 5-7 minutos. A continuación, incorpore las gambas y remueva la mezcla con un tenedor. Destape el wok y cueza el arroz durante 2-3 minutos. Decore antes de servir.

Para 6-8 personas

—— PLÁTANO CON LIMÓN Y RON ——

50 g de mantequilla
50 g de azúcar moreno
$\frac{1}{2}$ cucharadita de canela molida
4 plátanos, sin piel y a rodajas diagonales de
    1 cm
70 ml de ron
la ralladura y el zumo de 1 limón
2 cucharadas de almendras picadas, tostadas
virutas de coco fresco o tostado, para decorar
    (opcional)

Caliente un wok, agregue la mantequilla y remuévala para untar su interior. Añada el azúcar y la canela, y cueza ambos ingredientes
durante 1 minuto, hasta que el azúcar se haya
derretido y la mezcla burbujee.

Incorpore las rodajas de plátano y sofríalas
durante 1-2 minutos, removiendo, hasta que
estén bien calientes e impregnadas de salsa.
Agregue el ron y enciéndalo con una cerilla.
Agite el wok hasta que las llamas se hayan ex-
tinguido.

Añada la ralladura y el zumo del limón, las almendras tostadas, y remueva bien todos los
ingredientes. Con una cuchara, distribuya la
mezcla entre 4 platos de servir y decore con
unas virutas de coco.

Para 4 personas

—— PERA Y PACANAS AL CARAMELO ——

4 peras, cortadas a lo largo y por la mitad, sin
    el corazón
6 cucharaditas de zumo de limón
70 g de mantequilla
70 g de azúcar moreno
1 cucharadita de canela molida
$^1/_2$ cucharadita de jengibre molido
100 g de pacanas (mitades)
250 ml de nata líquida
unas gotas de esencia de vainilla

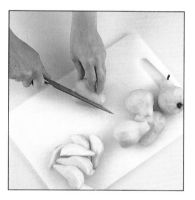

Corte las mitades de pera en rodajas de medio
centímetro de grosor y rocíelas con el zumo de
limón.

Caliente un wok. Agregue 2 cucharadas de
mantequilla y 3 cucharadas de azúcar moreno,
y remueva ambos ingredientes para engrasar
el interior del wok y hasta que se hayan disuelto. Siga removiendo, hasta que el azúcar
esté completamente disuelto y la salsa burbujee. Añada las rodajas de pera, la canela, el
jengibre y las pacanas, y sofría todos los ingredientes a fuego lento, durante 4-6 minutos,
hasta que la pera esté tierna pero aún crujiente. Traslade la fruta y las pacanas a un cuenco
de servir.

Disponga el resto de la mantequilla y del azúcar en el wok, y remueva ambos ingredientes
durante 2 minutos, hasta que el azúcar se haya
disuelto y la salsa burbujee. Incorpore la nata
líquida, lleve la mezcla a ebullición y déjela a
fuego lento durante 2-3 minutos, hasta que la
salsa adquiera consistencia. Aparte el wok del
fuego, incorpore la esencia de vainilla y vierta la salsa obtenida sobre la pera y las pacanas.
Deje enfriar ligeramente y sirva a temperatura
ambiente.

Para 4-6 personas

—— FRUTA SOFRITA AL JENGIBRE ——

250 g de frambuesas
1-2 cucharadas de azúcar
3 cucharaditas de zumo de limón
3-6 cucharaditas de licor de frambuesa
50 g de mantequilla
500 g de nectarinas o melocotones,
   deshuesados y a rodajas
200 g de albaricoques, deshuesados y a
   rodajas
2-3 ciruelas rojas o amarillas, deshuesadas y
   a rodajas
250 g de cerezas, deshuesadas
250 g de uva verde, sin pepitas
2 cucharadas de tallo de jengibre en jarabe o
   jengibre escarchado, picado
$\frac{1}{2}$ cucharadita de jengibre, molido
125 g de arándanos
menta, para decorar
yogur o nata líquida, para servir (opcional)

Utilice una batidora o un robot de cocina para batir las frambuesas junto con el azúcar y el zumo de limón. Cuele la mezcla sobre un cuenco y deseche las semillas. Incorpore el licor de frambuesa y una pequeña cantidad de agua (si desea obtener una salsa mas líquida). Guarde la salsa en la nevera, hasta el momento de servir. Caliente un wok, agregue la mantequilla y remuévala para untar su interior. Añada el melocotón o nectarina, el albaricoque y la ciruela, y sofríalo todo a fuego lento, durante 3-4 minutos, hasta que empiece a estar tierna.

Agregue las cerezas, la uva, el tallo de jengibre o jengibre escarchado y el jengibre molido. Sofría durante 2-3 minutos, hasta que la fruta esté tierna y las cerezas y la uva estén calientes. Aparte el wok del fuego y añada los arándanos. Disponga la fruta en una fuente de servir y déjela enfriar ligeramente. Rocíe la fruta con una pequeña cantidad de salsa de frambuesa y sirva el resto por separado. Decore con menta y sirva con yogur o nata líquida.

Para 6-8 personas

MANZANAS CON MIEL

1 limón
4 manzanas, cortadas a lo largo y por la
  mitad, sin el corazón
50 g de mantequilla
$1^1/_2$ cucharaditas de azúcar moreno
2-3 cucharadas de miel líquida
1 cucharadita de canela molida
nata montada, para servir (opcional)

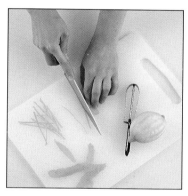

Con un pelador de verdura, pele la corteza del limón y córtela en tiritas muy finas.

Exprima el zumo del limón. Corte las mitades de manzana en rodajas de 1 cm de grosor y rocíelas con el zumo de limón. Caliente un wok. Incorpore la mantequilla, el azúcar, la miel líquida y la canela y remueva todos los ingredientes, hasta que el azúcar se haya derretido y la salsa burbujee.

Incorpore la manzana y el zumo y la piel de limón. Sofría a fuego lento, durante 3-5 minutos, hasta que la manzana empiece a estar tierna y bien impregnada de salsa. Con una cuchara, distribuya la manzana entre los platos de servir y, si lo desea, vierta encima una pequeña cantidad de nata. Sirva el postre caliente.

Para 4-6 personas